R. LAUB 1972

14212

VUE GÉNÉRALE, A VOL D'OISEAU, DE L'IMPRIMERIE DE CLICHY.

UNE

IMPRIMERIE

EN 1867

PAR M. PAUL DUPONT

DÉPUTÉ AU CORPS LÉGISLATIF.

MEMBRE DE LA LÉGION D'HONNEUR,
CHEVALIER DES ORDRES DE WASA DE SUÈDE, DE LA COURONNE DE CHÊNE,
DU MÉRITE DE DANEMARK,
DE SAINT-MAURICE ET SAINT-LAZARE, DU SAUVEUR DE GRÈCE,
DE PHILIPPE LE MAGNANIME, ETC.

PARIS

IMPRIMERIE ET LIBRAIRIE ADMINISTRATIVES

—

MDCCCLXVII

En recueillant dans une grande Imprimerie, comme il en existe de nos jours, tous les éléments qui concourent à la confection du Livre, nous avons eu un double but :

Encourager une main plus habile que la nôtre à écrire l'histoire philosophique du Livre, sujet fécond et plein d'intérêt, qui n'a pas encore été traité ;

Montrer, à l'honneur des typographes, et avec l'autorité des faits accomplis, combien il a été facile, au sein de cette même Imprimerie, de réunir un millier d'ouvriers dans un sentiment commun de dévouement; de les rendre heureux de leur sort, en développant chez eux l'esprit vivifiant de la famille; d'en faire, en un mot, des amis, après en avoir fait des associés.

PREMIÈRE PARTIE.

« Ie ne voyage pas sans livres, disait Montaigne, ny en paix,
« ny en guerre; toutes fois, il se passera plusieurs jours et
« des mois sans que ie les employe ; ce sera tantost, dis-ie,
« ou demain, ou quand il me plaira. Le temps court et s'en
« va sans me blesser, car il ne se peut dire combien ie me
« repose et séjourne en ceite consideration, qu'ils sont en
« mon costé pour me donner du plaisir à mon heure et à
« recognoistre combien ils portent de secours en ma vie.
« C'est la meilleure munition que j'aye trouvée à cet humain
« voyage, et ie plains extremement les hommes d'entende-
« ment qui l'ont à dire. Chez moy, ie me détourne un peu
« plus souvent à ma librairie, d'où tout d'une main je com-
« mande à mon mesnage. »

(MONTAIGNE. — *Essais.*)

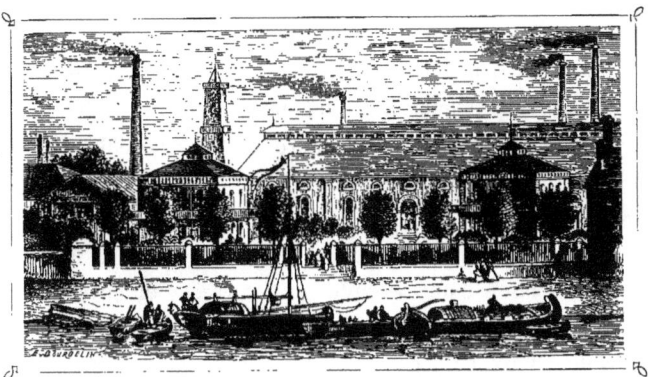

LE LIVRE.

'était le **21** mai **1866**, jour de fête d'une grande Imprimerie située à quelques minutes de Paris. Le chemin de fer et les voitures particulières amenaient incessamment de hauts fonctionnaires, des députés, des journalistes, et un grand nombre d'autres visiteurs, se rendant avec empressement à l'invitation qu'ils avaient reçue.

Cet établissement est situé sur la rive droite de la Seine, en face d'un port célèbre par ses régates; on y arrive par une grille monumentale; derrière cette grille des massifs d'arbres servent de cadre à un délicieux parterre, dans lequel une abondante gerbe de pluie, s'échappant d'un jet d'eau, entretient une agréable et salutaire fraîcheur.

A droite et à gauche s'élèvent deux pavillons à toiture italienne, d'une architecture correcte et sévère; des colonnes élégantes soutiennent la galerie qui fait le tour des deux édifices et de laquelle l'œil embrasse, dans toute son étendue, le splendide panorama du fleuve avec ses îles verdoyantes.

Après avoir traversé le parterre et le verger, on a devant soi un bâtiment dont les formes massives contrastent avec l'élégance des pavillons. C'est un immense magasin, veuf pour le moment d'une partie des marchandises qui y sont habituellement renfermées, et splendidement décoré pour la fête qui se prépare.

En tournant le bâtiment par l'une ou l'autre de ses extrémités, on entre dans un square spacieux, planté d'arbres, orné de fleurs, avec gazon, pièces d'eau, allées sablées et bancs en bois d'une coupe hardie et commode. Ce lieu est tout à la fois un jardin et une promenade, dont la jouissance est commune à tous les associés de l'établissement.

C'est dans ce square et dans les jardins, c'est dans

le parc attenant à la maison d'habitation, qu'en attendant l'ouverture de la séance, se répandait, à flots pressés, la foule des invités, admirant les petits jardins et les nombreux potagers cultivés par les ouvriers eux-mêmes.

Les vastes ateliers retentissaient du bruit des machines en mouvement; car les apprêts de la fête n'avaient

point fait suspendre les travaux. Le directeur avait voulu ménager à ses hôtes le spectacle d'une imprimerie en pleine activité, et mettre sous leurs yeux la pratique d'un art qui excite toujours la surprise et l'admiration.

Plusieurs dames, en toilettes élégantes, causaient avec une certaine animation, assises dans le square placé au milieu des ateliers. Une d'elles, une toute jeune fille, feuilletait un volume richement relié, où se trouvaient réunies toutes les magnificences de la typographie, et semblait soumettre à l'esprit subtil de ses compagnes la solution d'un problème qui absorbait toute son attention.

Au milieu de ce groupe charmant, un jeune homme, debout, était le point de mire de tous les regards, et, quoique visiblement troublé, répondait de son mieux aux questions qui se pressaient sur les lèvres roses de ses gracieuses interlocutrices.

— L'ouvrage que vous admirez, Mademoiselle, disait-il, est l'œuvre d'un de nos poètes les plus aimés, et sans doute l'art du typographe n'ajoute rien au mérite de l'œuvre; mais pour que des milliers de lecteurs pussent en faire leurs délices, il n'a pas suffi que la pensée de l'illustre écrivain ait jailli de son imagination; pour ménager à cette pensée une entrée convenable dans le monde, pour lui donner une parure dont l'élégance et la richesse répondissent à sa noble origine, pour produire en un mot ce magnifique ouvrage, il a fallu le concours de quatorze industries diverses.

— Est-ce possible?... s'écrièrent d'une commune voix les interlocutrices du jeune orateur.

— Oui, Mesdames, quatorze industries ou arts différents ont concouru à la création de ce volume. Je vois, à votre étonnement, que mes paroles appellent une explication; veuillez compter avec moi, je vous prie. Nous avons d'abord le graveur et le fondeur des caractères, — puis le compositeur, — le correcteur, — l'imprimeur, — le fabricant d'encre, — le fabricant de papier, — le dessinateur et le graveur des illustrations dont il est orné, — le glaceur, — le sécheur, — le satineur, — le brocheur, — enfin le relieur, des mains duquel il est sorti vêtu de velours et d'or comme un gentilhomme du grand siècle... Et veuillez bien remarquer que dans cette énumération nous omettons les deux principaux personnages : l'auteur qui a écrit le livre, et le libraire qui l'a édité! C'est une curieuse et instructive histoire que celle du *Livre!* et si j'osais.....

— Osez, Monsieur, osez!

— Sans doute nous sommes ici on ne peut mieux placés pour la commodité de ce récit; car l'établissement que vous allez visiter nous en fournit tous les éléments. Il offre, en effet, le rare et curieux exemple d'une Imprimerie où chacun des arts que je viens de nommer trouve son application sans qu'on ait besoin, pour quoi que ce soit, de recourir au dehors. Ainsi, la pensée de l'auteur arrive dans cette enceinte sous forme de feuillets manuscrits; elle passe, après que les caractères ont été fondus et ajustés, entre les mains des compositeurs, puis des correcteurs; en sortant de celles des correcteurs, elle est livrée aux machines, qui, sous l'action de la vapeur, l'impriment sur un papier préalablement trempé et glacé. De là, enfin, elle va dans les mains de l'assembleur et du relieur, et ne sort de la maison, après ces nombreuses pérégrinations, que pour être livrée au public, en un volume relié et doré sur tranche.

— Raison de plus pour commencer bien vite cette histoire. Contez-nous-la, Monsieur!

— J'y suis tout disposé; mais, voyez-vous, elle se lie d'une manière générale à l'histoire même de l'imprimerie, et, pour ne lui rien enlever de son intérêt, je serai obligé de remonter un peu haut, et d'introduire dans mon récit des expressions techniques dont les dames s'effrayent à bon droit.

— Oh! nous serons intrépides, insista la jeune fille.

— Alors, je commence.

Il n'est point de peuple qui, dès son origine, n'ait eu le désir de transmettre à la postérité son nom, ses vertus, ses exploits, son culte, ses connaissances, et les noms de ses plus illustres citoyens.

Fugitive comme la pensée elle-même, la parole n'a

pu suffire longtemps aux besoins de l'homme, et cette insuffisance s'est fait sentir à lui de plus en plus à mesure que ses relations se sont multipliées, que son intelligence s'est développée, que ses richesses se sont accrues, que le désir de pénétrer les secrets de la nature a pris naissance dans son cœur. Il eut d'abord recours au langage des hiéroglyphes pour fixer dans la mémoire

[hiéroglyphes]

des générations les événements qui s'accomplissaient sous ses yeux; puis il imagina l'écriture, qui fut longtemps le seul moyen de fixer la pensée, de conserver et de transmettre les productions de l'esprit.

Les sages de la Grèce puisèrent en Égypte, dans le plus ancien empire du monde, la connaissance première des lois, des sciences et des arts; ils reçurent l'alpha-

---

[1] Les savants égyptiens écrivaient leurs livres, contenant les doctrines sacrées et les actions de leurs rois, avec l'écriture des paroles divines.

(Traduction mot à mot.)

bet des Phéniciens, avec lesquels ils avaient des rela-

tions commerciales très-étendues. On conservait dans
le temple des Muses, en Béotie, les œuvres du poète
Hésiode gravées sur des lames de plomb, et on élevait
des statues au chantre des héros de la Grèce. Les lois
de Solon furent écrites sur des tables de bois.

Les Romains ont emprunté aux Grecs et aux Étrus-

ques la forme de leurs lettres. Les nouvelles lois que les
décemvirs avaient imitées de la Grèce, de celles de
Solon et de Lycurgue, furent gravées sur des tables

d'airain, et exposées sur des *tribunes,* afin que le peuple en prit plus facilement connaissance.

L'écriture a reçu des formes différentes, selon le goût ou le génie des nations qui l'ont pratiquée. L'habileté ou l'ignorance des écrivains ont aussi introduit des variétés infinies dans la forme des lettres. Il y a eu plusieurs manières de tracer les lignes. Elles ont été formées de droite à gauche pour la première ligne, de gauche à droite pour la seconde, et ainsi de suite alternativement, par certains peuples de l'Orient; elles ont été ensuite tracées de gauche à droite par les Romains et les autres peuples de l'Europe. Aujourd'hui encore, les caractères arabes sont dessinés de droite à gauche

بسم الله الرحمن الرحيم

الحمد لله رب العالمين الرحمن الرحيم مالك يوم الدين [1]

comme l'écriture hébraïque.

בְּרֵאשִׁית בָּרָא אֱלֹהִים אֵת הַשָּׁמַיִם וְאֵת הָאָרֶץ : [2]

[1] Au nom du Dieu clément et miséricordieux, louange à Dieu, le maître des mondes, le clément, le miséricordieux, le maître du jour de la rétribution. — (*Koran,* v. 1er.)

[2] Au commencement Dieu créa les cieux et la terre. — (*Genèse,* ch. I, v. 1er.)

Les Chinois écrivent de haut en bas, en commençant par la droite, de sorte que leurs livres commencent juste où finissent les nôtres.

雕本肇自
隋時行千
唐世擴千
五代精千
宋人。[1]

Les matières sur lesquelles on traçait l'écriture ont varié selon les temps et les lieux. On a écrit sur la pierre, la brique, le bois, l'écorce, les feuilles, les coquillages, les métaux, les peaux, la cire, les tissus, le papyrus, puis sur le papier de soie ou de coton et, enfin, sur le papier de chiffon. L'usage de confier aux marbres et aux bronzes les actes les plus solennels existait chez les Grecs et les Romains avant Jésus-Christ. Les arrêts du Sénat étaient écrits sur des tablettes d'ivoire.

L'écriture, ou plutôt la gravure sur le plomb remonte

---

[1] La gravure des planchettes en bois (pour l'impression des livres) commença (en Chine) du temps de la dynastie des *Souï* (en 593 de notre ère), se propagea sous la grande dynastie des *T'ang* (618-905), s'étendit sous les cinq petites dynasties (907-960), et se perfectionna sous les *Soung* (960-1260). (*Sse we youan hoeï*, livre XX, f° 4, v°.)

aux premiers siècles qui suivirent le déluge. On écrivait au moyen d'un *style* ou *burin*. L'usage des plumes

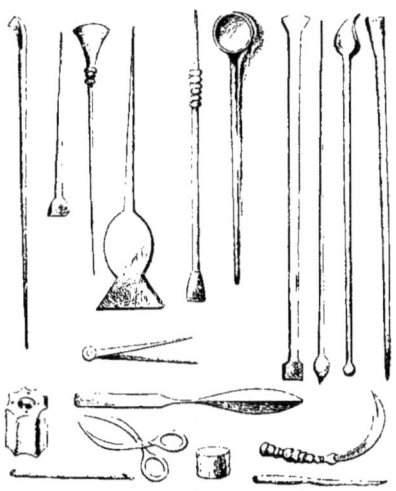

d'oie ou de cygne ne paraît pas devoir remonter au delà du quatrième siècle.

Mais les tables de pierre ou de marbre, les lames de plomb ou d'autre métal, les planchettes de bois ou d'ivoire, les tablettes enduites de cire, quoique désignées improprement sous le nom de *livres,* ne méritaient pas plus ce nom que les épitaphes et autres inscriptions commémoratives que nous gravons encore aujourd'hui. Ce n'étaient pas d'ailleurs des objets d'un usage manuel;

la loi des Douze Tables, par exemple, gravée sur l'airain, était autrement pesante que ne le fut plus tard le Code Justinien, écrit sur papyrus ou sur parchemin. Celui-ci était un livre dans la véritable acception du mot.

— Ah! mon Dieu! interrompit la jeune fille, il fallait que les avocats de ce temps-là fussent terriblement forts!

— Rassurez-vous, Mademoiselle, répondit le jeune homme en souriant, les avocats de Rome ne portaient par leur Code à l'audience.

Les anciens n'écrivaient que d'un seul côté, reprit le narrateur, et laissaient en blanc la page de revers. Au reste, c'était une marque de politesse de n'écrire que sur le recto, puisque, au quatrième siècle, saint Augustin s'excusait encore quand il s'écartait quelquefois de cet usage [1].

Quoique les livres fussent connus à Rome depuis la fondation de cette ville, l'art d'écrire y fut à peu près ignoré pendant plusieurs siècles. Seuls, durant quatre cents ans, les prêtres pratiquèrent cet art. Les scribes vinrent plus tard, et formèrent, pour multiplier les copies

---

[1] Les Chinois n'impriment encore aujourd'hui que d'un seul côté; mais ce genre d'impression a, chez eux, un tout autre motif : la transparence de leur papier s'oppose à ce qu'ils procèdent autrement.

des ouvrages, des ateliers de transcription, où ils écrivaient sous la dictée d'un lecteur.

Pendant le moyen âge, il y eut également un grand nombre d'ateliers de transcription, d'abord dans les monastères, puis dans des maisons séculières. Alors les manuscrits, comme aujourd'hui les imprimés, étaient plus ou moins beaux, plus ou moins riches, selon le prix qu'on y voulait mettre.

Lorsqu'on examine avec soin les anciens manuscrits enrichis de miniatures, n'ayant pas une marge, une lettre capitale, qui ne fût ornée de fleurs, de feuillages, de fruits ou d'animaux, peints en or ou coloriés, on est

frappé de la vivacité des couleurs, du poli de l'or, de la beauté du dessin, et l'on regrette la perte de cet art, que les scribes du quinzième siècle appliquaient encore à la décoration de leurs manuscrits.

Rendus de jour en jour plus magnifiques, les manuscrits devenaient en même temps des objets du luxe le plus recherché! Mais les transcriptions étaient toujours trop lentes et trop peu nombreuses pour répondre aux besoins des hommes avides de s'instruire. On chercha des procédés plus expéditifs.

Après bien des tâtonnements, on trouva un de ces procédés. On appliqua la gravure à la fabrication des cartes à jouer; on tailla l'image des cartes dans d'épaisses planches de bois, qu'on enduisait d'encre grasse, et qui reproduisaient cette image à l'infini. Les textes qui accompagnaient ces images s'imprimaient aussi, et donnèrent l'idée d'appliquer la xylographie à d'autres ouvrages.

Telle fut, Mesdames, l'histoire du Livre jusqu'à la venue de Gutenberg.

Cet homme illustre trouva enfin la Typographie véritable, et cette merveilleuse découverte brisa la plume calligraphique et le grossier burin des xylographes.

Les premiers livres imprimés avaient tant de ressemblance avec les livres manuscrits, qu'on les prit d'abord pour tels. Mais bientôt la divulgation de l'art typographique, l'emploi des caractères romains et l'introduction successive des autres accessoires de l'Imprimerie ne permirent plus d'en confondre les productions avec celles de la calligraphie.

Depuis le quinzième siècle jusqu'à nos jours, que d'inventions nouvelles ont perfectionné cet art divin! Que de progrès réalisés! Mais les procédés employés aujourd'hui, quoique dérivant tous de la conception primitive, en diffèrent essentiellement dans l'exécution.

Pour se faire une idée complète de ces procédés, pour se rendre un compte exact du concours d'efforts nécessaires à la production d'un livre, il est indispensable d'en connaître la mise en œuvre. Si j'ai réussi, Mesdames, à éveiller votre attention et à vous inspirer le désir de faire plus intimement connaissance avec l'Imprimerie, je vous proposerai d'entreprendre avec moi une promenade dans les ateliers : en voyant les choses de vos propres yeux, elles vous intéresseront bien davantage.

Cette offre fut acceptée avec empressement; et le groupe curieux, sous la conduite de ce cicerone improvisé, entreprit son pèlerinage à travers les divers ateliers de l'établissement.

FONDERIE.

Nous allons commencer, Mesdames, par visiter ces salles où s'accomplit un travail mystérieux. N'ayez pas peur; mais tenez-vous à distance et ne vous approchez pas trop de ces fournaises béantes au-dessus desquelles bout une liqueur infernale; car l'ouvrier, par un de ces mouvements saccadés qui vous surprennent, et que je vous expliquerai tout à l'heure, pourrait bien faire jaillir jusque sur vos fraîches toilettes quelques parcelles du métal brûlant.

Nous sommes dans la *fonderie*. C'est ici que s'élabore l'agent principal, le générateur de la Typographie, l'œuvre magique d'où sort le *Livre*.

Le premier caractère qui ait été employé dans l'Imprimerie est une écriture allemande qui prit plus tard le nom de *Lettres de Somme,* parce qu'elle avait servi à l'impression de livres scolastiques, entre autres de la *Somme* de saint Thomas.

S: ᚼRICI : DEI : GRACIA :

REGIS : CASTELLE :

ET : LEGIONIS [1]

Le caractère le plus usité aujourd'hui en Europe est le *romain*. Il a été créé par Nicolas Jenson, graveur des monnaies de Tours, qui avait été chargé par Louis XI d'aller à Mayence apprendre l'Imprimerie. Le premier ouvrage où il fut employé porte la date de 1461. Ce caractère fut formé des capitales latines, qui sont deve-

[1] *Sigillum Enrici Dei gracia Regis Castelle et Legionis.* — Sceau de Henri, par la grâce de Dieu, roi de Castille et de Léon.

nues les majuscules actuelles. Quant aux minuscules, elles furent empruntées à d'autres lettres, espagnoles et françaises : la figure simple et gracieuse qui leur fut donnée alors s'est conservée pure jusqu'à nous.

A côté du caractère *romain* se place l'*italique*, inventé à Venise par Alde Manuce, vers 1500, et qui sert à indiquer les mots et les membres de phrase sur lesquels on appelle plus particulièrement l'attention du lecteur. Nous négligerons dans notre étude les caractères dits *de fantaisie;* nous ne nous occuperons que de ce qui constitue l'essence du *Livre*.

Ainsi, depuis plus de quatre cents ans, le caractère qui sert à l'impression proprement dite n'a varié ni dans le type ni dans les détails du dessin. Il a seulement subi, comme l'écriture, de légères modifications, dues au bon ou au mauvais goût des graveurs ; mais le type primitif a survécu aux tentatives plus ou moins heureuses des novateurs.

Les caractères portaient autrefois des noms bizarres, dont l'origine n'est pas parfaitement connue. On prétend seulement que la dénomination de *saint-augustin* remonte à une édition de *la Cité de Dieu*, imprimée en 1468, et que celle de *cicéro* vient de la première édition des œuvres du grand orateur romain. On en comptait vingt-quatre sortes, dont la grosseur s'élevait progressivement. On les nommait : *diamant, perle, parisienne, nonpareille, mignonne, petit-texte*, etc.

Toutes ces dénominations originales ont disparu et

sont remplacées aujourd'hui par un système de *mesures* ou *points* typographiques. Cette invention est due au célèbre Fournier jeune, qui, dès 1764, l'appliqua à la fonte de ses caractères.

L'invention de Fournier fut reprise et rendue pratique par François-Ambroise Didot. Celui-ci divisa la ligne de pied de roi en six mesures égales, qui servirent à dénommer les caractères. Ainsi le plus petit se nomma le *cinq*, le suivant le *six*, et ainsi de suite.

Nous allons suivre, si vous le voulez bien, les diverses manipulations nécessaires pour faire arriver le caractère dans les casses du compositeur, et de là sous la presse, d'où il portera aux lèvres de tous la coupe enchantée du savoir et de la poésie.

La fabrication des caractères comporte trois opérations distinctes : la *gravure* du *poinçon*, la *frappe* de la *matrice* et enfin la *fonte* des *lettres*.

Voici d'abord l'artiste de qui dépend toute la suite du travail. Si nous avons affaire à un homme qui réunisse à l'amour de son art les connaissances d'un véritable typographe, — celles qui sont relatives à la *gravure*, à la *fonte* et à l'*impression*, — nous pouvons compter que l'œuvre dont il crée les prémices ne sera pas une production vulgaire.

La science du graveur consiste à connaître la figure la plus parfaite que l'on puisse donner aux caractères et à les représenter sur l'acier pour les frapper sur le cuivre, afin d'en former des matrices qui multiplient les lettres à l'infini au moyen de la fonte.

Avant de frapper la *matrice*, il faut d'abord graver le *poinçon*.

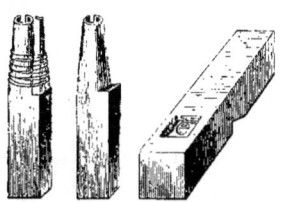

Cet instrument est une tige d'acier de forme pyramidale recuite dans un feu ardent : il représente la lettre qu'il s'agit de reproduire et doit être exactement conforme au calibre adopté.

Le poinçon se grave au moyen d'une série d'outils, composée d'onglettes tranchantes et de dimensions graduées. On en dresse et on en polit la face sur une pierre à l'huile, ce qui donne la facilité de tracer et ensuite de graver la lettre.

Pour s'assurer que le poinçon réunit les conditions voulues, après l'avoir échauffé et soigneusement essuyé, on le présente à la fumée d'une bougie ; il en reçoit une teinte noire, dont l'empreinte se détache avec la plus grande netteté sur une carte légèrement humectée : c'est ce que les artistes appellent le *fumé*. On reconnaît sur le fumé quelles modifications sont à opérer. Ces modifications, on les fait subir au poinçon au moyen d'un petit instrument d'acier pointu et tranchant, nommé *pointe tranchante*. On arrive ainsi peu à peu à lui donner la forme, la grandeur et la grâce convenables. Il ne reste ensuite qu'à lui faire acquérir par la trempe le degré de dureté nécessaire pour qu'il puisse être frappé dans le cuivre et servir à la confection des *matrices*.

Cette opération est très-délicate. Après avoir rempli un fourneau de charbon allumé, on y pose trois ou quatre poinçons à la fois. On souffle jusqu'à ce qu'ils aient pris la couleur naturelle du feu; puis on les saisit l'un après l'autre avec une pince, et on les plonge dans l'eau froide. C'est ce conflit du chaud et du froid qui resserre et comprime les pores de l'acier, et lui donne la dureté convenable.

La *frappe* du *poinçon* dans la *matrice* demande une main sûre et exercée, car cette opération mal faite entraîne l'imperfection de tout le travail.

Les *matrices* sont de petits morceaux de cuivre rouge de 3 à 4 centimètres de longueur sur 6 millimètres d'épaisseur, mais dont la largeur est proportionnée à celle des lettres que l'on veut frapper.

L'artiste commence par faire une légère empreinte pour essai, puis il enfonce le poinçon dans la matrice à coup de masse, à la profondeur de 2 millimètres environ. Les matrices frappées, on les *justifie*, c'est-à-dire qu'on leur donne la précision nécessaire pour assurer leur entrée successive à la place qu'elles doivent occuper dans le moule.

Ici se termine la fonction du graveur; celle du fondeur commence.

Quand on songe aux difficultés de toute nature qu'il a fallu surmonter avant d'arriver à fondre les caractères dans des proportions assez exactes pour pouvoir les employer à la composition des livres, on ne s'étonne plus du temps, des peines et des sommes énormes qui furent prodigués pour mener à bonne fin cette entreprise.

— Monsieur, dit l'une des visiteuses, quoique les dames aient, en général, peu de goût pour les études sérieuses, il en est cependant, et nous sommes du nombre, qui aiment à savoir la raison de chaque chose. Ne vous étonnez donc pas si, dans le cours de la visite que nous entreprenons, nous vous adressons des questions sur quelques points. Et d'abord, dites-nous, je vous prie, de quoi est composé le métal incandescent que renferment ces effrayants creusets.

— Il se compose d'un alliage de plomb, de régule d'antimoine et d'étain. C'est là, du moins, la formule actuelle. Quant au métal qui était employé dans les premiers temps de l'Imprimerie, on ne le connait pas exactement, non plus que les procédés alors en usage dans la fonderie.

Voyons, maintenant, comment on procède à l'opération de la fonte, qui ne laisse pas que de demander une certaine habileté.

Commençons par l'ancienne méthode, celle qui a précédé la machine. L'ouvrier que vous voyez ici, debout, placé devant son creuset, tient de la main gauche un moule formé de deux pièces en équerre. Les pièces, placées l'une sur l'autre, peuvent se rapprocher à volonté,

de manière à donner aux tiges des lettres les différentes épaisseurs voulues.

La matrice se trouve à l'extrémité inférieure du moule, entre deux *registres* qui la retiennent de chaque côté, tandis qu'un ressort la maintient appliquée devant l'ouverture et fixe la hauteur des lettres.

Le fondeur puise dans le creuset le métal en fusion avec une petite cuiller de fer contenant exactement la quantité de métal nécessaire pour l'espèce de lettre qu'il veut faire. Il le coule avec célérité par l'ouverture du jet, placée à la partie supérieure du moule, en même temps qu'il élève le bras gauche avec force pour accélérer, par un mouvement brusque, la chute du métal jusqu'à la partie inférieure.

Sans ce mouvement précipité, le métal ne prendrait point, ou prendrait mal l'empreinte de la lettre, parce qu'il se refroidit au contact du fer, et qu'il passe par une ouverture de deux tiers plus petite que le corps qu'il doit remplir. Il faut à l'ouvrier une grande habitude pour saisir justement la force d'impulsion à donner au moule, au moment où il applique la cuiller à l'orifice du jet.

Là, à côté, vous voyez la machine mécanique à fondre.

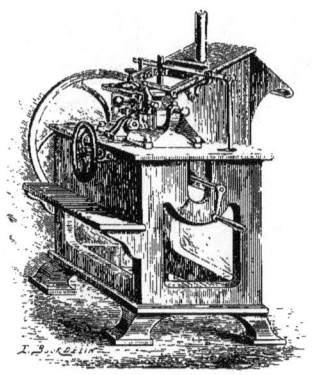

Celui qui la manœuvre est assis; c'est le premier bienfait du travail mécanique que de supprimer une partie de la peine de l'ouvrier ; mais le grand avantage que ces machines présentent, c'est une notable économie dans l'emploi du métal et une plus grande rapidité dans l'exécution. Elles produisent jusqu'à vingt mille lettres par jour, tandis que l'ancien procédé en donne à peine deux mille cinq cents.

Une fois fondues, les lettres réclament encore quatre

opérations différentes. Voyez, dans la salle voisine, ces ouvrières alignées devant de grandes tables : ce sont les *frotteuses* et les *composeuses*. Près d'elles un jeune garçon prend les lettres l'une après l'autre, et sépare le jet d'avec le *corps* au point précis où la lettre se rompt. On les frotte ensuite sur une meule de grès dressée à plat, où il reste un grain léger qui produit l'effet de la lime. Remarquez avec quelle dextérité l'ouvrière fait ce travail ; elle ne frotte pas moins de vingt mille lettres par jour. Elle reconnaît, par le simple contact du doigt, quel est le côté fort ou faible, celui qui doit subir le frottement le plus énergique ou le plus doux.

Après le frottage, il est procédé à l'émondage ou enlèvement des parties superflues de métal sur certaines sortes. Les lettres sont ensuite examinées au microscope, puis portées au coupoir, où elles reçoivent la dernière façon, et enfin mises en pages pour être livrées au compositeur.

Nous avons vu, Mesdames, tout ce qui constitue la gravure et la fonte des caractères. Comme annexe et complément de la fonderie, il nous reste à examiner les procédés de clichage. Mais pour se rendre un compte exact du mérite de cette invention, et en saisir utilement les détails, il est indispensable d'avoir vu *confectionner* le *Livre* en entier. Nous reviendrons sur ce dernier sujet après la nouvelle étude à laquelle nous allons nous livrer.

COMPOSITION.

TRAVERSONS, sans nous y arrêter, l'immense galerie où la vapeur, cette reine du monde moderne, — la seule, peut-être, qu'aucune révolution ne pourra détrôner, — fait entendre son mugissement perpétuel. Gravissons quelques marches, nous voilà dans l'empire de la pensée. Les nombreux ouvriers qui remplissent cette longue salle sont les instruments du mouvement intellectuel; ce sont les types les plus originaux de ces hommes voués au travail physique, dont les anciens avaient fait des esclaves, mais auxquels la civilisation a donné la liberté! Rien dans le domaine de l'intelligence ne leur est étranger; leur intimité avec les illustrations de notre temps et aussi avec les plus grands génies classiques leur a laissé une teinte littéraire, — superficielle souvent, — mais qui, chez quelques-uns, se révèle par des productions d'un mérite réel. Ce sont les *compositeurs,* c'est-à-dire les hauts dignitaires de la Typographie.

Autrefois, on n'arrivait à ce poste qu'après de véritables épreuves; on exigeait même d'un apprenti qu'il eût fait quelques études, qu'il connût sa langue et sût au moins lire le grec. De nos jours on est moins exigeant. Cependant, il est remarquable que, malgré le défaut presque général d'une instruction spéciale, et quoique les apprentis ne subissent plus d'examen, on rencontre encore beaucoup d'excellents compositeurs. Ceci prouve que l'aptitude est, pour l'art du typographe, la condition essentielle, et que la connaissance de la langue peut s'acquérir avec l'habitude du mécanisme typographique.

La composition consiste à réunir les lettres que nous avons vu graver et fondre, afin d'en former des mots, des lignes, des pages, et, plus tard, des volumes. Il ne faut pas confondre le *caractère* avec la *lettre.* Le mot *caractère* appliqué à l'écriture désigne un signe quelconque destiné à rendre la pensée perceptible aux yeux; appliqué à l'imprimerie, il exprime l'idée de la réunion de toutes les *sortes* de *lettres* ayant identité entre elles d'*œil* et de *corps,* qui entrent dans la composition. La lettre a la forme d'un hexaèdre. Une de ses extrémités porte en relief une figure de l'alphabet un chiffre, ou l'un des signes divers employés en imprimerie. Elle est formée de deux parties distinctes : l'*œil* ou le relief, et la *tige* ou le support.

Les caractères sont distribués dans des sortes de pupitres appelés casses. Chaque casse se compose de deux compartiments, le *haut* et le *bas* de casse. Le

HAUT DE CASSE.

BAS DE CASSE

premier contient quatre-vingt-dix-huit divisions égales, renfermant les grandes et les petites majuscules et quelques signes d'un usage peu fréquent. Dans la partie

inférieure sont répartis cinquante-quatre casselins inégaux, qui reçoivent les lettres minuscules, les chiffres
et les signes de ponctuation, ainsi que les blancs,
morceaux de métal plus bas que la lettre, et destinés
à séparer les mots ou à terminer les lignes courtes.

Vous remarquez ces compartiments beaucoup plus

larges que les autres : ils sont destinés aux lettres qui
sont le plus souvent employées dans le discours ; ce sont
les voyelles, et quelques consonnes, les *m, n, r, s, d*.
Elles sont, pour cette raison, placées le plus possible à
la portée de la main de l'ouvrier.

En même temps que l'œil du compositeur interroge

la *copie*, sa main droite saisit la lettre, et, d'un mouvement rapide, la lance dans le *composteur* qu'il tient de la main gauche. La suprême habileté de la profession dépend de la spontanéité du coup d'œil et de l'agilité des doigts. Généralement debout, le buste et les jambes immobiles, un bon ouvrier fait voltiger dans toutes les directions sa main, dirigée par un regard sûr, attentif et vigilant. Ici, comme ailleurs, l'attention, la persévérance, le sang-froid, l'emportent sur l'ardeur stérile.

Tous ces compositeurs que vous voyez là s'appellent des *paquetiers*, c'est-à-dire des *faiseurs de lignes et de paquets;* ils sont divisés par escouades, véritables soldats de la composition, et ont pour chef, pour sergent, ce jeune homme qui se tient à côté, et dont les fonctions sont toutes différentes : c'est le *metteur en pages*.

Pendant que je vous donnais ces détails, bien des lignes ont été composées, et vous avez remarqué qu'avant de les achever entièrement, l'ouvrier augmente ou diminue les blancs qui se trouvent entre chaque mot, afin que les lettres, pressées les unes par les autres, soient maintenues dans le composteur sans ballotter. On appelle cette opération *justifier*. C'est à la régularité de l'espacement, à l'exactitude de la justification, à la manière de diviser les mots au bout des lignes, que se reconnaît le compositeur soigneux.

Les lignes ainsi composées et justifiées se placent sur une *galée,* et lorsque le nombre déterminé pour faire un *paquet* est complet, l'ouvrier lie ce paquet au moyen d'une ficelle, et en recommence un autre. Un compositeur ordinaire *lève* ainsi *dix mille* lettres par jour, indépendamment de la *correction* et de la *distribution* dues par lui, et que nous allons voir tout à l'heure.

Lorsqu'un nombre de paquets suffisant pour faire une feuille est composé, le *metteur en pages* reprend ces paquets et les réunit ou les divise de manière à en former des pages d'une longueur donnée. Il introduit et dispose les *titres*, ajoute, dans une *ligne de tête*, les *titres courants* et les *folios*, et place au bas de la première page une *ligne de pied*, qui contient un chiffre indiquant l'ordre qu'elle occupera dans le volume.

Le nombre des pages à la feuille varie suivant le format. On appelle *in-folio* le format qui contient quatre pages à la feuille, *in-4°* celui qui en contient huit, *in-8°*

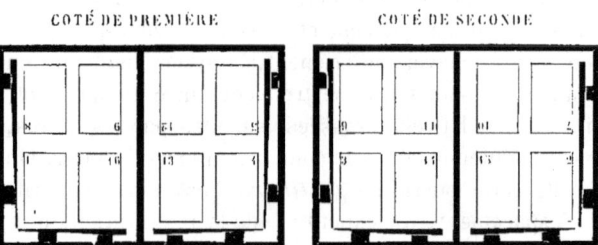

celui qui en contient seize, *in-12* celui qui en contient vingt-quatre, *in-18* celui qui en contient trente-six, etc.

La mise en pages étant terminée, les pages sont disposées sur le *marbre* dans un ordre tel que la feuille de papier, pliée après impression, les reproduise dans leur ordre numérique. Ainsi *imposées*, elles sont serrées dans un cadre en fer appelé *châssis;* des coins de bois ou des vis en fer jouant dans des biseaux à crémaillère assujettissent les nombreux éléments de cette constitution fragile. Et ce n'est pas une des merveilles les moins admirables de cet art, que la cohérence forcée de milliers de petits morceaux de métal réunis, cohérence qui les rend capables de subir dix mille fois, cent mille fois peut-être la pression d'une machine puissante. Ainsi maintenue, la *forme* est livrée au faiseur d'épreuves, et replacée ensuite sur le marbre, en attendant que l'épreuve soit revenue des mains du correcteur.

L'ouvrier que vous voyez courbé sur cette table de fer

c'est le *corrigeur*. Le compositeur a commis des erreurs que l'épreuve lui indique; il faut qu'il se corrige lui-même, opération aussi fastidieuse que fatigante. Armé d'une *pince* et recevant les corrections *levées* dans un composteur de bois placé sur le bord supérieur du châssis, il retourne les lettres renversées, change les *coquilles* ou lettres fausses, corrige les *doublons* ou répétitions de mots, ajoute les *bourdons* ou passages oubliés, renfonce les *espaces* trop hautes qui font tache sur le papier, et fait tirer une seconde épreuve qui va subir à son tour les corrections de l'auteur.

Ici commence le martyre du compositeur. Sur un signe de l'écrivain, il va détruire tout cet assemblage ingénieux. Une ligne sera réduite à un mot, un paragraphe deviendra une page. Dieu sait les angoisses de l'ouvrier qui a déchiffré laborieusement un manuscrit incompréhensible ou illisible, et qui se trouve ensuite forcé de reconstruire son œuvre, d'après les altérations, les ajoutés et les rectifications de l'écrivain! Il n'est pas rare de voir des épreuves d'auteur tellement criblées de renvois, d'astérisques, de croix, de doubles croix et d'hiéroglyphes, que le texte primitif disparait sous ce déluge de corrections et de changements. Renonçant à débrouiller ce grimoire infernal, à trouver un fil conducteur dans ces méandres capricieux, le compositeur, désespéré, abandonne la première composition et en recommence une nouvelle; heureux encore quand, pour prix de tous ses efforts, il ne trouve pas, sur l'épreuve suivante, l'expression de la mauvaise humeur d'un auteur incompris!

— Dites-moi, je vous prie, interrompit la jeune fille,

quelle tâche remplit cet ouvrier, qui *désassemble* avec
tant de rapidité les petits caractères qui s'échappent de
ses doigts.

— Il fait ce qu'on appelle la *distribution*. Cette opération n'est pas la moins curieuse de celles dont le spectacle intéressant est mis sous vos yeux, et mérite d'être expliquée avec quelques détails.

Si, après le tirage, les caractères étaient mêlés et confondus; si, selon l'expression technique, on les mettait *en pâte,* leur distribution dans la casse exigerait le sacrifice d'un temps infini consacré à reconnaître isolément la valeur de chacun des signes typographiques. On évite ce grave inconvénient en conservant l'arrangement des caractères qui ont formé la page du volume imprimé. Le compositeur procède ainsi : après avoir mouillé légèrement la page ou paquet à distribuer, il le divise en plusieurs parties ou *poignées;* puis il place la première poignée dans sa main gauche, l'*œil* tourné vers le corps. Dans cette position, il suffit à l'ouvrier de lire d'avance une ligne ou une phrase, et bientôt le double jeu de la mémoire et de la main fait tomber chaque lettre dans le réceptacle spécial qui l'attend. Un bon ouvrier compositeur distribue ainsi environ quatre mille lettres par heure, c'est-à-dire qu'il emploie à ce travail trois fois moins de temps qu'il n'en a fallu pour celui de la composition.

Comme vous avez pu vous en assurer, Mesdames, tant par vous-mêmes que grâce à ces explications, le compositeur professe un état en quelque sorte mixte, matériel par les manipulations qu'il nécessite, mais aussi susceptible de provoquer sans cesse l'action de l'intelligence, la tension de l'esprit. Cet heureux effet n'a pas lieu si le travail manuel absorbe l'homme tout entier; mais il se forme ainsi quelquefois des ouvriers de mérite, dont il serait injuste d'assimiler la profession à l'exercice des arts purement mécaniques.

Cette suprématie de l'intelligence sur la matière, qui

est l'essence même du travail typographique, jointe à la dépense de forces physiques qu'il réclame, avait longtemps fait penser qu'il était interdit à la femme de s'y livrer. Des essais tentés depuis quelques années ont démontré qu'elle est aussi apte que l'homme à l'exercice de cette profession. Nous allons voir des compositrices à l'œuvre à quelques pas d'ici. C'est là une réponse victorieuse aux assertions de ceux qui dénient aux femmes les qualités requises pour ce genre de travail.

Une centaine d'ouvrières sont réunies dans ce pavillon isolé qui leur est exclusivement réservé. Elles composent, corrigent, distribuent, mettent en pages, imposent les formes. Toutes les opérations manuelles

qui font l'objet de notre étude, c'est-à-dire qui concourent à la confection du *Livre*, leur sont familières. Et admirez, je vous prie, l'ordre parfait qui règne dans cette réunion. C'est en vain que l'œil cherche sur les marbres la moindre trace de ces nombreux *pâtés* qui déshonorent si souvent les ateliers des hommes, leurs compétiteurs naturels !

— Mais ces femmes, d'une complexion si faible, ne peuvent exécuter ni autant de travail que les hommes, ni un travail aussi rémunéré. Ici encore doit se manifester l'infériorité de notre sexe.

— C'est là une grave erreur, Mademoiselle, que je veux me hâter de rectifier. La femme, dans l'art de la composition, qui est bien plutôt une œuvre d'adresse que de force, n'a rien à envier à l'homme sous le double rapport de la célérité et de la perfection. Quant aux prix, ils sont identiquement les mêmes pour elles que pour les hommes. On ne s'est nullement préoccupé d'une mesquine économie, qui aurait pu faire croire qu'on allait se servir de la femme pour réduire le taux ordinaire des salaires. En leur ouvrant les horizons nouveaux de l'imprimerie, on a voulu qu'elles entrassent dans cette voie sur un pied de complète égalité avec leurs émules.

— Tout cela, Monsieur, répondit l'espiègle jeune fille, c'est de la fine fleur de chevalerie. Il ne reste plus qu'à s'incliner et à admirer.

— Du reste, le travail des femmes dans les imprimeries n'est pas nouveau; le terrible Comité de salut public, qui, certes, ne se piquait pas de chevalerie, avait lui-même autorisé, sur le rapport du citoyen Grégoire, l'établissement d'une école de typographie pour les femmes, et cet établissement a existé pendant plusieurs années. « C'est là un travail de femmes, » disait à son tour Napoléon Ier en visitant l'Imprimerie impériale.

Ces deux opinions ont une valeur que personne ne récusera.

Mais il y a une autre circonstance qui vous surprendrait bien plus encore, Mesdames, et pourrait motiver de la part d'un mauvais plaisant les épithètes de : surprenante, merveilleuse, miraculeuse, étourdissante, dont se servit un jour madame de Sévigné. Mais, en vérité, je n'ose pas.....

— Parlez donc! répliqua l'impétueuse interlocutrice, vous en avez déjà trop dit pour vous arrêter en chemin. Il faut que nous connaissions cette chose si étourdissante, si inouïe, si singulière, si incroyable, car je connais aussi madame de Sévigné.

— J'obéis, Mesdames, et je vous dirai que dans cet atelier, composé de tant de femmes, il ne se dit pas une parole inutile, un seul mot qui ne se rattache directement aux nécessités du travail exécuté ; en sorte que l'on se croirait dans un couvent de trappistines.

— Ce résultat est remarquable, sans doute, mais ne motive point les précautions oratoires et certainement peu galantes dont vous l'avez entouré. Il n'y a rien de bien merveilleux, d'ailleurs, dans un résultat que vous avez obtenu avec tant de facilité. Nous vous pardonnons pour cette fois, mais à la condition que vous allez reprendre votre rôle de cicerone, et que vous ne l'interromprez par aucune digression étrangère, imitant en cela les bonnes habitudes de mesdames les compositrices.

— Volontiers! Avant de quitter ce pavillon, arrêtons-nous dans cette salle consacrée à l'école. En tentant l'introduction dans l'imprimerie d'un élément nouveau, qui avait été jusqu'alors l'objet d'essais infructueux, par la faute de ceux qui s'y étaient livrés les premiers, le directeur de cet établissement ne s'est pas dissimulé qu'il se heurterait dès le début contre une difficulté dont s'étaient peu préoccupés ses prédécesseurs : une instruction insuffisante, et, partant, l'absence de goût et d'émulation, deux écueils, contre lesquels devait sombrer son entreprise. Il institua l'école, où nos jeunes ouvrières reçoivent d'une maîtresse choisie avec soin, et pourvue des diplômes universitaires, une instruction solide, comprenant la lecture, l'écriture, la grammaire, l'arithmétique, la géographie, l'histoire. Le vénérable pasteur de la commune vient, en outre, deux fois par semaine, donner à ces jeunes filles l'enseignement religieux, ce complément indispensable de toute bonne éducation.

Après les études graves et sérieuses, nos jeunes filles trouvent, en outre, dans les exercices de l'Orphéon, une distraction saine, un délassement utile et attrayant.

Il nous resterait à voir, pour ne rien négliger des détails de la composition, la fabrication des ouvrages dits *de ville*, prospectus, circulaires, titres de valeurs industrielles, en un mot, tout ce qui est connu dans l'imprimerie sous le nom de *tableaux*. Ces travaux auraient pour vous peu d'intérêt ; ils ne diffèrent du reste de la composition proprement dite que par des difficultés d'exécution appréciables seulement des praticiens.

Et maintenant, Mesdames, pour suivre l'ordre régulier

de notre étude, nous allons pénétrer dans ces cellules silencieuses que l'on a placées aussi loin que possible du bruit des ateliers. Ceux qui les habitent remplissent une fonction bien difficile, bien pénible, et cependant peu appréciée de ceux mêmes à qui leur concours est indispensable; car les auteurs et les compositeurs ne leur épargnent ni les plaintes ni les reproches, et les rendent trop souvent responsables de leurs propres méfaits. Entrons dans ces chambres de torture qu'on appelle *bureaux des correcteurs*.

— Auriez-vous donc, Monsieur, dit en souriant d'un air un peu malin la plus jeune des visiteuses, quelque motif personnel de vous apitoyer sur le malheureux sort des correcteurs ?

— Peut-être, Mademoiselle : ce serait pour moi, du reste, un titre de plus à être cru sur parole.

CORRECTEURS.

De toutes les attributions de la Typographie, la correction des épreuves est celle qui exige les soins les plus attentifs, car les autres qualités qui constituent le mérite d'un livre, l'élégance de sa composition et la beauté de son tirage, sont soumises à la diversité des goûts et des appréciations, mais la valeur qu'il tire de l'exactitude de son texte ne saurait lui être contestée.

Aussi, dès les premiers temps de l'introduction de

l'Imprimerie en France, la profession de correcteur fut-elle honorée à l'égal des plus hautes; les règlements qui la concernent sont une preuve de l'importance qu'on y attachait.

Un édit de François 1er plaçait la correction des livres sous la garantie, soit de l'imprimeur s'il corrigeait lui-même ses épreuves, soit du correcteur. L'un et l'autre étaient responsables des fautes qui avaient pu s'y glisser et étaient tenus de les réparer à leurs frais. Tout livre d'une correction déclarée insuffisante était lacéré, et une telle déclaration entraînait pour le correcteur responsable une punition sévère.

Cette réglementation, bien qu'excessive, s'explique par l'état de barbarie où les lettres avaient été tenues jusqu'alors, par l'esprit de réaction salutaire que la découverte de l'Imprimerie avait fait surgir tout à coup, enfin par la nature même des premiers ouvrages imprimés. Les typographes, dans ces temps si voisins de l'origine de l'Imprimerie, ne s'occupaient que des éditions d'ouvrages classiques ou religieux, pour lesquels l'emploi du langage vulgaire n'était pas permis. Les livres s'imprimaient en latin, en grec, quelquefois en hébreu. Le premier livre français date de 1476; il fut imprimé par Pasquier Bonhomme et était intitulé : *Chroniques de France*. Mais cet exemple ne trouva d'abord que peu d'imitateurs, et l'on continua pendant longtemps encore de se servir presque exclusivement des langues savantes, dont les lettrés, peu nombreux alors, faisaient leurs délices. Ce n'est que vers la fin du quinzième siècle qu'Antoine Vérard publia à Paris diverses éditions françaises, parmi lesquelles se trouve le fameux *Roman de la Rose*.

L'impression d'un livre exigeait à cette époque un temps considérable ; c'était souvent l'œuvre unique de la vie d'un imprimeur, et l'on comprend dès lors de quels soins on entourait cet enfant chéri d'un père dont il était l'honneur. L'éditeur en attendait, non les profits qui rémunèrent les autres professions, mais la gloire impérissable qui devait s'attacher au nom des Estienne et de leurs émules.

Les imprimeurs, qui étaient eux-mêmes des savants de premier ordre, exigeaient donc de leurs correcteurs des connaissances très-étendues, et en rapport avec les services qu'ils attendaient d'eux. Il s'agissait en effet d'exhumer de la poussière des bibliothèques les grands auteurs de l'antiquité, de restituer les textes primitifs, en les tirant du chaos où les avaient plongés huit siècles de ténèbres, et de substituer des éditions pures aux manuscrits défectueux et fautifs.

Après de nombreuses réclamations, une ordonnance de 1572 rectifia l'édit de François Ier et déclara que « *les maistres bailleroient les copies diligemment* « *revues, correctes et mises au net au compositeur,* « afin que par le défaut de ce leur labeur ne soit retardé. »

— A la bonne heure ! interrompit la jeune fille, voilà une ordonnance bien opportune et qui n'aurait pas fait rire notre ami Timothée, s'il eût vécu du temps du bon roi Charles IX.

— Cette observation est fort juste, Mademoiselle; aussi l'ordonnance dont nous parlons aurait grand besoin d'être réédictée de nos jours, car les écrivains les plus estimés sont souvent ceux qui infligent quotidiennement aux compositeurs et aux correcteurs le supplice d'une lecture à peu près impossible.

Enfin, reprit le jeune homme, un arrêt du conseil, du 10 avril 1752, se contenta d'ordonner que les éditions de livres seraient « absolument correctes, *autant que faire* « *se pourrait.* »

Tant de règlements appliqués à une profession qui relève uniquement, en somme, de la conscience de ceux qui l'exercent, semblaient faits pour dégoûter du métier les hommes capables. Cependant les premiers imprimeurs eurent pour correcteurs des savants illustres, des jurisconsultes, des philosophes, des docteurs en théologie, qui se glorifiaient d'appartenir au corps typographique.

Mais quand le domaine de l'intelligence humaine se fut agrandi, quand le nombre des imprimeurs fut devenu si considérable, qu'au moment de la Révolution on en comptait près de quatre cents à Paris seulement; quand les nécessités de la politique amenèrent la création de la presse périodique, et obligèrent à des travaux d'une rapidité vertigineuse; quand les chemins de fer, les grandes compagnies que les progrès de l'industrie, l'extension de nos relations internationales, firent naître de toutes parts, transformèrent les imprimeries en gigantesques usines, on conçoit qu'il ne fut plus question d'imposer aux correcteurs une responsabilité dont les intéressés devinrent les seuls juges.

Un auteur très-connu appréciait bien les difficultés de la profession, quand il écrivait à son imprimeur : « Je « me recommande à vos correcteurs; les correcteurs « sont l'âme et la prospérité d'une imprimerie. » Et, en effet, pour remplir cette fonction modeste et si peu rétribuée, il faut posséder la connaissance parfaite de sa langue, celle de la langue latine et une teinture de la langue grecque, de la géographie, de l'histoire et des mathématiques. Ce fonds d'instruction est rigoureusement nécessaire. Il faut encore que le correcteur soit typographe, car s'il ne s'est pas exercé préalablement à la composition, une foule d'arrangements vicieux et de dispositions contraires au goût échapperont à son inexpérience. La possession de cette double instruction est indispensable pour former un correcteur accompli.

Les irrégularités que peut présenter une épreuve et que le correcteur doit signaler sont en grand nombre. Tantôt c'est une lettre mise pour une autre, tantôt c'est un mot, une ligne répétés ou omis, des lettres ou des mots retournés ou transposés, des lettres tombées, cassées ou qui ne sont pas de l'*œil* du caractère employé, etc. Le correcteur doit surtout rectifier les fautes d'orthographe et de ponctuation, le mauvais agencement des lignes trop serrées ou trop larges; il lui appartient enfin de signaler toutes les négligences typographiques.

Les corrections sont indiquées au moyen de signes particuliers dont je vais mettre le tableau sous vos yeux.

SIGNES DE CORRECTION

Signes	Texte	Signification
/s /ses /n	Chaque âge a ses ennemis, /coutume,	Lettres et mot à ajouter
/n /q /y	ses usages; c'est un fait que personne	Lettres à substituer
/3 /3	n'ignore, mais que l'on oublie trop	Lettres à retourner
/fréquemm	souvent, lorsqu'il s'agit d'apprécier les	Mot à changer
/⌒ /⌒̇ /⌒	documents histo riques ou les pro-	Mots à rapprocher et mot à réunir
/⌐ /⌐	ductions littéraires des temps temps	Lettre à mot à supprim.
/bon /⊢⊣	passés, comme aussi l'esprit, le carac-	Mot biffé à conserver
/⌐⌐ /⋀⋀	tère et la conduite qui des hommes, y	Lettre à mot à transpos.
/m̄ /l̄	ont attaché leur nom.	Lettres d'un autre œil
/xvi rom.	Sous ce rapport, le XXI siècle de-	Petites majuscules
/×	vait, plus que tout autre peut-être,	À mettre en romain
////	avoir à souffrir ces jugements injustes	Espace à baisser
/⋀i	de certains écrivains modernes, car	Ligne à espacer également
/⌒⌒⌒	il n'est pas d'époque dont la vie morale	Apostrophe à ajouter
ital. /m	ait été plus active, plus passionnée,	Lettres à redresser
/⌐⌐	plus immédiatement soumise à l'in-	À mettre en italique
/⋯⋯	alors l'édifice social. Il serait également	Lignes à transposer
/o /n /a	fluence des événements qui agitèrent	Lettres à nettoyer
/⌐	injuste de rabaisser le présent pour	Lettres gâtées
	exalter le passé; tel n'est pas notre	Alinéa à faire
	dessein. Mais, si nous possédons tant	Lignes à remanier
	d'avantages ignorés de nos pères, jouis-	
/# /#	sons-en sans oublier que c'est à une suc-	Séparer trois mots
	cession d'intelligences supérieures dans	
	tous les genres que nous sommes re-	Lignes à séparer
	devables de la généralité de nos con-	Lignes à rapprocher
	naissances et de nos lumières.	Alinéa à supprimer
	Souhaitons surtout qu'il ne nous soit	
	pas un jour reproché ⫽ n'en avoir pas	Bourdon indiqué en pied
	profité mieux encore!	Ligne à sortir
/⌐c	ces réflexions me sont venues de la	Grande majuscule
/⌐	connaissance intime que j'ai faite du	Ligne à rentrer
	⫽ par nos descendants de	

La lecture des épreuves est divisée entre trois personnes : le correcteur *en première*, le correcteur *en seconde* ou *en bon à tirer*, et enfin celui qui revoit les *tierces*.

La lecture *en première* se fait sur le manuscrit ; un apprenti ou un compositeur *tient la copie*, c'est-à-dire lit à haute voix ou suit la lecture faite par le correcteur. Cette lecture a pour but de relever les fautes qui sont du fait du compositeur, et dont la correction est à sa charge.

Un autre correcteur lit les *secondes* avant ou après l'auteur : c'est la lecture la plus importante, et celui qui en est chargé doit avoir la conscience que c'est sur lui que repose la bonne réputation de la maison. Quand l'auteur a exigé plusieurs épreuves et a fait des changements considérables, il est nécessaire que la lecture en *bon à tirer* soit faite deux fois.

Le correcteur de *tierces* est chargé d'une dernière révision, faite quand la feuille est sous presse. Il s'assure que toutes les corrections indiquées sur le *bon à tirer* ont été exécutées soigneusement et que les blancs qui séparent les pages sont bien en rapport avec le format, de manière que, lorsque le volume sera broché, les marges ne présentent aucune irrégularité, ce qui lui enlèverait toute grâce et toute élégance. Quelquefois il arrive qu'un *corrigeur* distrait crée de nouvelles fautes en exécutant mal les dernières corrections. C'est là l'écueil de la révision des *tierces* ; aussi ces fonctions sont-elles confiées à de bons typographes, rompus à toutes les difficultés du métier.

Si l'on considère qu'un volume in-8° ordinaire de six cents pages contient à peu près un million de lettres, que l'ouvrier aligne ces lettres une à une, et que plusieurs milliers d'entre elles doivent être déplacées, replacées ou enlevées, selon que l'exigent les corrections typographiques ou les modifications du texte, on ne s'étonnera plus de rencontrer des fautes dans la plupart des livres imprimés.

Quelques imprimeurs ont bien, il est vrai, la prétention d'avoir produit des livres sans faute, mais l'expérience de chaque jour nous prouve

<blockquote>Que cet heureux phénix est encore à trouver.</blockquote>

Cependant il serait injuste d'attribuer au correcteur seul toutes les fautes typographiques ou autres qu'on rencontre dans un livre. L'auteur y contribue lui-même pour une large part, soit en donnant des copies indéchiffrables, soit en bouleversant aux épreuves la rédaction primitive, ce qui occasionne un travail fertile en erreurs.

Au reste, la principale cause de l'incorrection des livres se trouve dans les conditions actuelles du travail, dans l'exécution hâtive à laquelle l'imprimeur est condamné par une concurrence sans limite. Ne voit-on pas imprimer en une nuit des volumes de quarante feuilles? Comment accuser l'inattention du correcteur, harcelé par un travail acharné, tiraillé par les exigences de l'auteur, du compositeur et de la machine qui attend!... Qu'on le ramène au régime de l'édit de 1539! La tyrannie d'alors valait bien la prétendue liberté dont il jouit.

C'est toujours lui, en effet, qu'on accuse des *houlettes* d'autrui. L'auteur peut être idiot, c'est son droit! mais le correcteur, lui, doit être instruit, intelligent, patient et poli! Il lui est même interdit d'exprimer une opinion sur les inepties qui passent journellement sous ses yeux! Heureux encore lorsque, après avoir pâli pendant de longues heures sur un ouvrage, il ne lui arrive pas de placer dans la bouche d'un ministre cette phrase malencontreuse : « Je suis à bout de mes *farces!* » ou de faire dire à un patriote qu'il a « *abjuré* » la République au lieu de « *adjuré* », faute qui pouvait tout simplement envoyer le discoureur à la guillotine!

Toutes les *coquilles* n'ont pas heureusement des conséquences aussi terribles; il en est même de burlesques, témoin celle qui, devançant les enchantements de Circé, substituait « *porcos* » à « *procos* », transformant ainsi en pourceaux les prétendants de Pénélope! Une seconde d'inattention d'un correcteur a suffi pour faire de la chaste Diane une « *pécheresse!* » Et n'a-t-on pas vu un orateur, dont la faconde inépuisable et la verve excentrique excitaient naguère l'étonnement de ses nobles collègues, accusé d'avoir « *égorgé* » le Sénat, alors qu'il l'avait seulement « *égayé* » : un péché bien véniel, assurément!

Il ne faudrait pourtant pas trop médire des coquilles, car c'est à une faute de ce genre qu'on a dû l'un des plus jolis vers de Malherbe. Le poëte avait écrit :

> Et *Rosette* a vécu ce que vivent les roses,
> L'espace d'un matin.

Le compositeur, prenant les deux *t* pour deux *l*, mit :

Et *rose elle* a vécu ce que vivent les roses,
L'espace d'un matin.

Je vous demande pardon, Mesdames, de la longueur de ces détails; ils étaient nécessaires pour justifier le nom que j'ai appliqué aux bureaux des correcteurs. Mais ces retraites studieuses ne vous font-elles pas, d'un autre côté, songer à celles où s'écoulait la vie de ces hommes qui, renfermés au fond des cloîtres, étaient seuls, autrefois, en possession de la science et de la littérature?

Et maintenant, rentrons dans la salle des machines; nous allons y voir la partie la plus attrayante de notre étude.

TIRAGE.

EVENUS dans cette galerie, que nous n'avions fait qu'entrevoir il y a quelques instants, contemplons le spectacle saisissant et grandiose qu'offrent ces trente presses mécaniques et ces presses manuelles rangées sur deux lignes parallèles.

Après le travail de l'homme, voici venir celui de la vapeur, son esclave soumise et obéissante.

A l'extrémité de la galerie, voyez se mouvoir, dans

son immuable régularité, le balancier de la machine, l'âme de ces géants de fer, qui en reçoivent la vie par des communications mystérieuses. Tout ici est mouvement et bruit. Les cylindres tournent, les volants battent des ailes, les dents d'acier grincent! La vélocité de la machine est si effrayante qu'elle échappe au regard ébloui! Il semble qu'elle se livre à une accélération insensée, et pourtant elle est réglée avec une précision implacable, qui subordonne les uns aux autres les différents membres de ce merveilleux représentant de la force aveugle, discipliné par le génie de l'homme, par la seule puissance de sa volonté.

A côté de la chambre où se produit la vapeur est installé un atelier de mécaniciens pourvu d'un outillage complet qui en reçoit également l'impulsion. Dans des ateliers aussi vastes et aussi nombreux que ceux que nous parcourons, il est difficile d'éviter les accidents. De là la nécessité d'avoir toujours sous la main, pour toutes les réparations, des moyens immédiats.

Procédons par ordre, et assistons d'abord au travail de la presse manuelle.

Depuis Gutenberg jusqu'au commencement de notre siècle, les presses à imprimer n'ont reçu aucune modification. C'est toujours la *vis de pressoir*, le *berceau*, sur lequel roule le *coffre* qui reçoit la forme, le *barreau* en fer qui fait tourner la *vis*, abaisse la *platine* en bois pour opérer le foulage, les fortes *jumelles* fixées solidement au mur par des *étançons* pour protéger l'ouvrier contre ses propres efforts.

Cette presse qui, pendant près de quatre siècles, a seule été en usage dans l'Imprimerie, mérite une mention honorable. Un sentiment de respect et de reconnaissance nous fait un devoir de préserver de l'oubli le glorieux outil qui a propagé les chefs-d'œuvre de l'antiquité, qui a fait éclore les immortelles productions des seizième,

dix-septième et dix-huitième siècles, qui a ouvert aux hommes de nouveaux horizons et porté aux quatre coins du monde les bienfaits de la civilisation.

Les premières presses, faites en bois grossièrement équarri, étaient disgracieuses à la vue. Leur dimension était si petite, que chaque face d'une feuille de papier exigeait deux tirages.

Cette disposition restreinte de la *platine* n'avait pas seulement l'inconvénient de multiplier les coups de barreau et d'augmenter d'un tiers environ la durée du tirage; elle en avait un bien plus grave pour les formats *in-plano* et *in-12* surtout, dont le milieu se trouvait coupé par les *coups* successifs du barreau. Le moindre dérangement dans le niveau des différentes pièces composant la presse amenait des déviations dans le *coup*, et les parties de la forme correspondant au bord intérieur en éprouvaient l'influence et étaient exposées à une impression frisonnante ou doublée. L'inventeur de la Presse Colombienne y remédia en établissant une platine de dimension égale au plus grand format de papier en usage alors, ce qui permettait d'opérer les tirages d'un seul coup.

En 1820, une presse en fer et à vis, appelée Stanhope, du nom de son inventeur, fut importée d'Angleterre. Cette presse est fondée sur le même système que celles en bois ; mais son travail est plus prompt, meilleur, et il fatigue moins l'ouvrier. Son type élégant a subi peu de changements depuis sa création. Vous en voyez ici le spécimen vingt fois répété. Approchons de celle-ci. Justement l'ouvrier est occupé à la *mise en train*, ce qui nous permettra de suivre toutes les opérations préliminaires au *tirage* et destinées à en assurer la perfection.

Le tirage est, de toutes les opérations typographiques, celle qui présente le plus de difficultés de détail. La perfection de ce travail est soumise à la réunion de conditions diverses qui souvent mettent en défaut la prudence et le talent de l'imprimeur. Il en est de même du conducteur de presse mécanique, dont les travaux ont une telle analogie avec les siens, qu'il est presque impossible de trouver un bon conducteur en dehors des praticiens de la presse manuelle.

Le papier est trempé et glacé. Palpez-le, et assurez-vous qu'il a un degré d'humidité égal sur toute sa surface. C'est là une condition essentielle pour obtenir un tirage qui ne soit ni trop creux ni trop superficiel, et une régularité de couleur constante.

Après avoir arrêté la forme sur le marbre de sa presse, de manière qu'une fois fixée à la place qu'elle doit occuper elle ne puisse vaciller, l'ouvrier saisit une feuille pliée en deux, dans le sens de la largeur pour l'*in-12* et dans celui de la hauteur pour l'*in-8°* et les autres formats, et la présente sur la forme, après l'avoir au préalable imprégnée d'un peu de colle à ses extrémités. Il baisse alors ce châssis en fer doublé de soie appelé *tympan*, qui renferme un *blanchet* en mérinos, ou mieux en fort satin. La feuille s'attache à l'étoffe et devient la *marge*, c'est-à-dire le guide pour *marger* successivement toutes les feuilles, afin de leur conserver l'uniformité d'aspect qui constitue une des qualités du *Livre*.

Ceci fait, il place les *pointures* sur la marge, les ardillons perpendiculaires au pli du papier. La feuille, au tirage *en blanc*, se pique d'elle-même sur les pointures; le trou produit sert de point de *repère* pour la retiration, et assure la précision du *registre*, c'est-à-dire fait que les pages *tombent* bien exactement les unes sur les autres.

Il est évident qu'en *touchant* la forme, ce que l'on fait en passant sur elle un *rouleau encré*, dont nous nous occuperons tout à l'heure, il se formera à la longue, sur le *châssis*, sur les *garnitures* qui entourent et maintiennent les pages, des adhérences qui se reproduiront sur les blancs de la feuille. Nous éviterons ce danger en tirant légèrement une première fois sur le papier adapté à ce cadre de fer appelé *frisquette*, et qui se rabat sur le *tympan* après la marge de chaque feuille. Nous découperons ensuite les pages en ménageant les parties non imprimées, qui, demeurant intactes sur la *frisquette*, protégeront tout ce qui ne doit pas paraître à l'impression.

Arrivée à ce point, la mise en train devient une véritable œuvre d'art, surtout si l'ouvrage doit renfermer des *bois* ou *gravures*, des *fleurons* ou *vignettes*, ce qui est précisément le cas où nous nous trouvons.

Comme nous l'avons vu au commencement de notre étude, la gravure sur bois est antérieure à l'invention de l'Imprimerie. Dans l'origine, c'était un art grossier, qui n'était point utilisé pour les ouvrages d'un certain luxe. Les gravures étaient tirées à part, en taille-douce, sur des planches de métal, et au moyen d'une presse en bois à cylindres, la même qui est encore en usage aujourd'hui.

Mais ces opérations étaient lentes et dispendieuses. On ne pouvait songer à les faire concourir d'une manière efficace à l'impression des livres. Il fallait, pour réaliser cette révolution, un procédé homogène, propre à résister à l'action d'un long tirage. La gravure sur *buis debout* qui, sous le rapport de la composition, comme sous celui du tirage, s'introduit si facilement dans les combinaisons typographiques, a complétement résolu ce problème.

Ce mélange de texte et de gravure, qu'on a nommé *illustrations*, a créé pour le tirage de sérieuses difficultés; aussi exige-t-il du goût et une main sûre et exercée.

On dresse le bois, en lui laissant une légère élévation sur le texte; on tire une feuille sèche en noir, et l'on rectifie les défauts du texte, c'est-à-dire qu'on hausse les parties faibles, en appliquant sur elles un papier bien uni, mince et collé, enduit de gomme, et en découpant au contraire celles qui *viennent* trop fort. Si la suppression de cette épaisseur est insuffisante, on découpe autant de feuilles qu'il est nécessaire et on les place dans le tympan, parallèlement à la marge.

On examine ensuite les gravures; on en découpe toutes les parties saillantes, en ménageant les fonds noirs, que l'on dégage légèrement à leurs extrémités; s'il faut mettre des *hausses*, on les imprime et on les découpe avec beaucoup de précaution pour les coller avec une grande justesse dans les endroits faibles. On procède ainsi jusqu'à ce qu'on ait créé une sorte de contre-gravure qui doit, à l'impression, reproduire les effets plus ou moins accusés, les différences de plan, les demi-teintes, les dégradations de tons, etc. L'imprimeur doit donc étudier avec soin le *fumé* qui lui sert de modèle et se bien pénétrer des intentions de l'artiste.

Reste maintenant une chose importante à faire : il faut choisir le *rouleau à distribuer* l'encre.

Disons donc un mot du rouleau et de sa fabrication; cela nous mettra à même d'apprécier son rôle dans la typographie, et l'influence considérable qu'il a eue sur les progrès de cet art. Nous aurons en même temps l'occasion de parler de l'encre.

L'invention du *rouleau* est contemporaine de la presse Stanhope. On se servait avant lui de *balles,* espèces de demi-globes en bois de noyer creux, et remplis de laine mère, recouverte d'un cuir de chien ou simplement de mouton, sur lequel on étendait l'encre par un frottement énergique et continu, qu'on renouvelait à chaque feuille. On frappait ensuite avec les balles sur la forme, en la parcourant dans tous les sens. Ce mode d'encrage était très-fatigant; il avait aussi l'inconvénient d'exiger une préparation journalière qui prenait beaucoup de temps.

Le rouleau a permis de réaliser dans l'Imprimerie, de grands progrès qui eussent été impossibles avec les anciens procédés. Par lui la *touche* est devenue d'une régularité constante.

Le rouleau est un composé de gélatine et de mélasse. Ce mélange est *cuit* au bain-marie et coulé dans un moule de zinc. Après un refroidissement de douze heures au moins, la matière est retirée du moule et exposée à l'air pendant une durée égale, pour lui donner le temps d'acquérir de la consistance. Comme les rouleaux sont excessivement sensibles à la température atmosphérique, on a soin d'en avoir toujours en réserve, dans un endroit sec, un certain nombre dans la composition desquels la colle et la mélasse entrent dans des proportions diverses; sans cette précaution, on serait souvent arrêté par les changements de temps.

Quand le rouleau est en état d'être employé, on le place dans la monture en fer que vous voyez là ; on le présente sur l'encrier et on le roule vivement sur la table par un mouvement de va-et-vient continuel, afin de l'échauffer et d'étendre l'encre sur toute sa surface. On *touche* ensuite la forme et l'on tire.

On n'est pas fixé sur l'origine de l'encre typographique. On prétend généralement que son inventeur et celui des caractères mobiles sont une seule et même personne. Les anciennes images contenant du texte s'imprimaient au *frotton* avec une encre à la détrempe. Mais quand on eut imaginé les caractères mobiles, il fallut en chercher une moins fluide, et qui eût assez de consistance pour rester fixée sur l'œil de la lettre.

Des écrivains compétents attribuent cette découverte à Jean de Bruges, l'inventeur de la peinture à l'huile. Ce serait lui qui, en trouvant l'art de mêler aux couleurs l'huile de lin ou de noix, pour en faire un corps solide et brillant, aurait suggéré l'idée de l'encre d'imprimerie. Cette encre était un composé de noir de fumée obtenu par la combustion de poix-résine et d'huile convertie en vernis. Le tout était amalgamé dans de certaines proportions, et broyé par l'ouvrier imprimeur lui-même au moment de la mise en œuvre.

De même qu'il existe des établissements spéciaux de fonderie, il y a aussi aujourd'hui des fabriques d'encre. La fabrication de ce produit n'a fait de véritable progrès que depuis une vingtaine d'années. Des chimistes français, initiés aux détails multiples de l'art typographique, ont étudié sérieusement la question, et le succès a couronné leurs efforts.

La composition des encres actuelles diffère sensiblement de celle des anciennes encres. C'est toujours, il est vrai, la même base oléagineuse, mais le noir de fumée s'est enrichi de nouvelles matières. A la poix-résine on a ajouté le brai, le galipot, le goudron, le pétrole, la stéarine, le camphre, qui donne le plus beau noir; puis viennent les essences précieuses, les noirs de bougie, de sarment, de pêche, etc.; en un mot, toutes les matières inflammables et fuligineuses sont mises à contribution. La combustion est réglée au moyen d'appareils spéciaux. Le vernis a été de même l'objet de perfectionnements notables, et le broyage s'opère au moyen de machines puissantes, mues par la vapeur.

La fabrication des encres, comme celle des rouleaux, est une des opérations les plus délicates : l'encre subit aussi l'influence de l'atmosphère ; il faut tenir compte des accidents si variés de cette influence, et doser en conséquence. La même encre ne peut servir à la presse manuelle, à la machine à bras et à la machine à vapeur ; elle doit être aussi plus ou moins siccative, selon les circonstances.

Le choix de l'encre mérite donc, de la part de celui qui l'emploie, une attention soutenue. L'encre est l'âme du tirage ; la valeur et la durée d'une édition en dépendent pour la plus grande partie. Les principales conditions à rechercher pour cet élément essentiel d'une bonne impression sont la finesse, l'éclat et l'intensité du noir. Le défaut qu'il importe le plus d'éviter, c'est cette auréole jaunâtre qu'un vernis de mauvais aloi dépose autour des lettres et qui dépare les meilleures éditions.

Avant d'employer l'encre, il est prudent de l'essayer, ce qui se fait en en déposant une parcelle sur un papier blanc non collé. Au bout de vingt-quatre heures, on peut juger de la teinte de l'auréole que projette le vernis. Si l'auréole est incolore, l'encre peut être employée sans danger.

— Monsieur, dit une des visiteuses, qui paraissait écouter avec une attention scrupuleuse les explications du jeune homme, le livre que voici contient beaucoup de gravures : les unes sont noires, les autres tirées en couleurs qui diffèrent essentiellement entre elles, et dont quelques-unes sont charmantes. Je comprends très-bien, après l'avoir vu, que le tirage des gravures en noir se fasse en même temps que le texte, ce que je ne m'étais pas expliqué jusqu'à présent, mais j'avoue que je suis très-curieuse de savoir comment on a pu imprimer les couleurs, et surtout ménager les transitions, conserver le ton général du dessin, marier les nuances, faire enfin tout ce qui constitue une œuvre d'art, sans avoir recours au pinceau.

— Il m'est facile de satisfaire, Madame, à votre curiosité. Vous avez précisément sous les yeux, à côté de la presse que nous venons de considérer, celle qui tire *en couleur*.

Les tirages en couleur datent des premiers temps de l'Imprimerie. Le goût et la fantaisie étaient, d'abord, les seules règles suivies pour ce genre de travail. Le rouge était la couleur le plus généralement employée. Tantôt le titre du livre était entièrement rouge, tantôt les lignes noires et les lignes rouges alternaient. D'autres fois, les premières lettres des alinéas étaient seules en couleur, à l'imitation des anciens manuscrits *illustrés*.

Plus tard, l'Imprimerie a fait d'immenses progrès sous le rapport des tirages en couleur. Ce n'est plus seulement une seule encre rouge que l'on imprime sur la même page, mais autant de couleurs que l'on veut.

Les deux qualités essentielles de toute impression soignée sont l'uniformité de teinte et l'exactitude de la retiration. L'uniformité de teinte consiste à avoir sur toutes les feuilles d'un volume la même nuance d'encre. Elle s'obtient facilement pour tous les exemplaires d'une même feuille ; mais la difficulté commence aux feuilles suivantes, tirées souvent à de longs intervalles et dans des conditions atmosphériques différentes.

Quant à l'exactitude de la retiration, elle exige des soins d'autant plus grands que le nombre des couleurs est plus élevé ; elle est d'une difficulté extrême quand le tirage est considérable. On comprend, en effet, que si une feuille est en train pendant plusieurs jours, le papier subit un *retrait* qui altère les *repères* et dérange le *registre*.

Pour obvier autant que possible à cet inconvénient et prévenir les accidents, on consacre à chaque tirage une paire de trous de pointure spéciaux. On serre dans le châssis des petits blocs en fer de la hauteur des *cadrats* avec autant de pointures qu'il y a de couleurs à imprimer, vingt au besoin. On fait un tirage en blanc exprès pour ces pointures Quand il n'y a qu'une ou deux couleurs, indépendamment du noir, on se contente d'enfoncer dans le châssis ou dans les garnitures de petites pointes en acier appelées *piquots,* qui remplissent le même office. Aux tirages successifs, on n'emploie chaque trou de pointure qu'une fois. On a soin de placer le papier de façon que la barbe du trou se trouve du côté de l'impression, pour en prévenir l'élargissement.

La forme est d'abord composée entièrement comme si elle devait être tirée en noir. La mise en train se fait de la même manière. Lorsqu'elle est terminée, on remplace dans la forme tout ce qui ne doit pas être tiré de la couleur qui fait le fond du travail, par des blancs qui en représentent exactement la valeur.

On agit ainsi pour toutes les couleurs successivement.

Un autre procédé consiste à *taquonner*, c'est-à-dire élever les lignes ou mots qui seuls doivent *venir*, sans déranger la forme. On obtient ainsi une précision irréprochable; mais la mise en train est plus lente et plus difficile.

L'encre noire s'imprime infiniment mieux que les couleurs, parce qu'elle est absorbante et opaque; elle *couvre* énormément, tandis que la plupart des couleurs, transparentes et dépourvues de corps, ne couvrent pas. On imprime quatre fois autant de feuilles avec une quantité donnée de noir qu'avec la même quantité de couleur.

Six nuances d'encre suffisent pour obtenir tous les tons désirables, au moyen d'un simple mélange à l'aide de la spatule. Ainsi, avec du rose, du jaune, du bleu, du brun, du rouge et du blanc, on arrive à avoir les nuances composées et intermédiaires, dont le nombre peut s'élever à plus de cent. Le jaune et le bleu mélangés donnent le vert composé; avec le jaune et le noir on obtient la couleur olive; avec le jaune et le rouge, l'orange; avec le blanc, le jaune et le rouge, le chamois; avec le

COMPAGNIE GÉNÉRALE
DES
SCHISTES DE LUNÉVILLE

Constituée suivant acte passé devant M⁰ DUFOUR, notaire à Lunéville, le 6 Mars 1857.

AU CAPITAL DE UN MILLION DE FRANCS

Action de Mille Francs au Porteur

N°

LE DIRECTEUR.   L'ADMINISTRATEUR.

blanc et le rouge, la teinte chair; avec le blanc et le vert, le vert d'eau, etc.

Il faut, dans les tirages en couleur, non-seulement l'entente parfaite du métier, mais aussi un goût pur, afin d'éviter des *mariages* qui donneraient des tons criards. Il ne saurait y avoir de règle absolue à cet égard; pourtant il est bon qu'on sache que sur un papier blanc, le rouge et le jaune s'harmoniseront mieux que le rouge et l'orange; rouge et bleu mieux que jaune et vert; bleu et rouge mieux que bleu et violet; bleu et jaune mieux que bleu et vert, etc. Toutes les fois qu'on imprime sur une nuance pâle la même couleur, mais plus foncée, l'effet est gracieux et très-agréable à l'œil.

On imprime également en or et en argent. Pour imprimer en or, on tire avec un fort mordant incolore. Pendant que le mordant est encore frais, on le saupoudre de bronze, puis on laisse sécher. La qualité la plus fine du bronze est la meilleure.

L'argent s'applique de la même manière que l'or, mais en ajoutant au mordant du blanc d'argent.

Le désir de ne vous laisser rien ignorer de ce qui constitue l'art typographique nous a entraînés peut-être un peu loin de notre sujet, qui est l'étude du *Livre*. Nous allons y rentrer en examinant les mécaniques, qui bientôt peut-être détrôneront les presses, comme l'invention de Stanhope et celle de Gannal ont relégué dans le domaine de l'histoire la presse en bois et les balles des anciens imprimeurs.

La première presse mécanique fut construite à Londres pour le journal *le Times*. Le 21 novembre 1814, les lecteurs de cette feuille apprirent qu'ils avaient sous les yeux un journal imprimé par une presse à vapeur.

C'est surtout en Angleterre et en Amérique que les plus grands sacrifices ont été faits pour perfectionner les presses mécaniques et obtenir avec une extrême vitesse l'impression des papiers de la plus grande dimension.

Le principal avantage des presses mécaniques est une production dont la rapidité n'était pas accessible aux presses manuelles. Après cette première conquête, elles ont dû chercher à perfectionner leurs résultats; le second pas a été franchi, et aujourd'hui il existe des presses mécaniques construites dans un système très-simple et très-juste, et qui produisent des impressions pures, irréprochables, voisines de la perfection. On peut tirer avec ces presses de quinze cents à deux mille feuilles à l'heure.

Pour les journaux, dont l'impression est moins-soignée, on se sert de presses plus expéditives encore; il en est qui impriment jusqu'à quatre feuilles à la fois, ce qui donne un tirage de dix à douze mille par heure.

Les Américains, qui sont toujours à la recherche de l'extraordinaire, ont inventé une machine à dix cylindres qui tire vingt-cinq mille à l'heure. Seulement elle est un peu chère : elle coûte cent cinquante mille francs.

Des tentatives ont été faites pour arriver à fabriquer

des machines pouvant tirer plusieurs couleurs à la fois ; il ne paraît pas que jusqu'ici on ait obtenu des résultats sérieux.

Les presses mécaniques ne sont point construites d'après un modèle unique ; il existe, au contraire, une très-grande diversité dans leurs formes ; mais, quel que soit le système adopté, on peut dire qu'il n'en existe

réellement que deux : la presse en *blanc* et celle dite *à réaction,* qui tire à la fois les deux côtés de la feuille.

Dans l'un et dans l'autre système, c'est toujours au moyen de cylindres, sur un plan horizontal qui reçoit la forme, que s'opère la pression, qui se fait ainsi de proche en proche, contrairement à ce qui se passe à la presse manuelle, où le tirage a lieu à plat et d'un seul coup.

La mise en train se fait pour les presses mécaniques comme pour les presses à bras ; elle se modifie seulement en un point : la feuille de mise en train, qui se place dans le tympan pour les presses manuelles, se fixe sur le cylindre des mécaniques.

La touche se fait au moyen d'un cylindre en fer au-dessus duquel est déposée l'encre, dont il ne doit prendre qu'une couche légère et réglée par des vis qui éloignent ou rapprochent le *couteau* placé au bas de l'encrier et formant tangente avec le cylindre ; un rouleau *preneur* qui se soulève, se met en contact avec le cylindre, redescend sur la table de distribution et y dépose l'encre ; des rouleaux *distributeurs*, au nombre de deux ou trois, et enfin des rouleaux *toucheurs*, qui prennent l'encre sur la table et en imprègnent la surface de la forme.

Tout ce système de rouleaux, ainsi que le ou les cylindres qui opèrent la pression, sont mis en mouvement par un *arbre de couche* qui est en rapport immédiat avec le moteur. La machine s'arrête, au gré du *margeur*, au moyen d'une manivelle de *débrayage* placée à la portée de sa main. Le débrayage fait passer la courroie de transmission de la poulie de commande à la poulie folle, sur laquelle elle continue son mouvement de rotation, mais sans le communiquer à la presse.

Pour opérer le tirage, on procède ainsi : la pile de papier blanc est posée sur une table, à l'une des extrémités de la machine, à proximité du cylindre imprimeur. Un ouvrier appelé *margeur* ou *pointeur* approche le bord de la feuille de la tringle munie de pinces, qui s'empare d'elle et la dirige sur le cylindre, d'où, après avoir accompli son évolution, elle arrive, portée sur des cordons, aux mains du *receveur*.

Pour les machines simples, des pointures sont fixées, l'une sur le cylindre même, l'autre sur une tige de fer placée sous la marge. A la retiration, le trou formé par les pointures sert de guide au margeur. Il est bien entendu que pour les tirages *en blanc* la pointure est inutile.

Aux machines doubles, qui tirent à la fois les deux

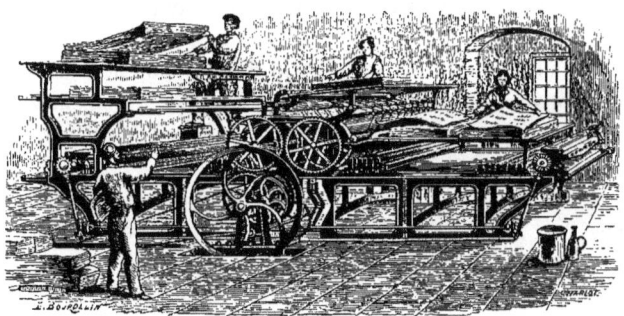

côtés de la feuille, le registre se fait au moyen de tambours en bois dont le diamètre et la dimension sont calculés pour que la feuille, après les avoir parcourus, maintenue par un système de cordons très-compliqué, vienne se placer sous le cylindre de retiration avec autant de justesse que si elle était guidée par les pointures.

Un conducteur suffit à la direction de deux mécaniques

simples; mais, pour les presses à *réaction*, les difficultés de la mise en train et les soins continuels que demande le travail exigent impérieusement la présence d'un conducteur spécial à chacune d'elles.

Nous avons dit, au début de cette étude, que nous ne nous occuperions que du *Livre*. Si nous nous sommes incidemment écartés de notre programme, c'est qu'il n'était guère possible de parcourir la série des opérations que sa mise au monde réclame, sans rencontrer sur notre chemin quelques travaux accessoires qui, sans se rattacher à notre sujet d'une manière directe, ne pouvaient cependant pas être négligés par nous.

Et maintenant, le *Livre* est né. Mais, comme tout ce qui entre dans la vie, il est nu; si vous y consentez, nous allons assister à sa toilette.

— Monsieur, nous venons de voir imprimer le *Livre*, c'est fort bien : mais nous avons reconnu qu'au préalable le papier avait été mouillé et glacé; ces opérations sont-elles si mystérieuses que nous ne puissions les connaître?

— Madame...

— Attendez! je n'ai pas tout dit : le papier, mouillé avant l'impression, ne reste pas dans cet état, je suppose; comment le sèche-t-on sans le salir? Voilà des points qui demandent des éclaircissements.

— Il est très-facile de satisfaire votre désir; car la

tremperie est en face de nous. Mais prenez vos précautions, Mesdames, pour garantir vos toilettes contre des accidents possibles... Vous allez voir ici l'*alpha* et l'*oméga* de l'impression typographique.

TREMPAGE. — GLAÇAGE. — SÉCHAGE.

ENCORE une fois, Mesdames, prenez soin de vos robes en entrant dans cette salle qui n'est ni la plus belle ni la plus élégante du palais typographique. Le travail qui s'y accomplit n'en est pas moins utile, et aucune imprimerie ne saurait s'en passer. Il est à la production typographique ce qu'est à la moisson la semence que répand le cultivateur dans les sillons ouverts.

Les lames du parquet sont écartées pour laisser passage à l'eau qui s'échappe goutte à goutte, mais incessamment, du papier mouillé ou du balai du *trem-*

peur. Prenez garde à cette aspersion indiscrète ; prenez garde surtout aux interstices du parquet ; il faut avoir le pied marin pour louvoyer avec sûreté au milieu de ces abîmes ouverts sous vos pas.

Avant d'être livré à l'impression, le papier subit ici une préparation qui s'appelle la *trempe*. Il est collé s'il doit être employé pour des registres ou des états devant recevoir de l'écriture. Pour les livres, on se sert généralement de papier non collé. Si le papier est collé, l'ouvrier saisit une *main*, sans la déplier, et la *passe* dans un baquet plein d'eau ; il l'ouvre ensuite au tiers ou à la moitié de son épaisseur, suivant sa force, et plonge dans l'eau la partie restée sèche ; il procède ainsi de main en main, en faisant des marques toutes les cinq mains. Ces marques servent à reconnaître la quantité tirée, sans qu'on soit obligé de recourir à un comptage.

Si le papier n'est pas collé, l'ouvrier ouvre les mains les unes après les autres, et les *asperge* avec un balai de bouleau.

Après l'avoir laissé dans cet état pendant une heure, on place le papier dans une presse où on le charge de poids, afin de bien faire pénétrer l'eau partout. Au bout de quelques heures, on reprend le papier et on le *remanie* en saisissant les feuilles par petites pincées qu'on change de place en les retournant de gauche à droite et de droite à gauche, puis on le remet dans la presse.

La préparation n'est pas complète encore : il faut

maintenant faire subir au papier une autre opération qui s'appelle *glaçage*. Le glaçage, appliqué sur le papier humecté, enlève les rugosités, souvent imper-

ceptibles, que la trempe a fait ressortir; il le dispose à une impression égale, où ressortent parfaitement les finesses de la lettre et de la gravure.

Quittons cette salle, et rapprochons-nous de la machine à vapeur; nous allons voir un nouveau travail : admirez, je vous prie, la simplicité de cette machine, qu'un seul ouvrier suffit à diriger. Il place chaque feuille entre deux plaques de zinc; quand il a réuni vingt-cinq de ces plaques, il les force à passer entre deux cylindres, qu'un système d'embrayage et de débrayage fait tourner, soit dans un sens, soit dans un autre, suivant qu'il s'agit de saisir ou de rendre le bloc de plaques présenté par le *glaceur*.

Quand on veut obtenir un résultat plus parfait, ou si des *bois* sont introduits dans le texte, on inflige au papier plusieurs glaçages, dont un se fait même après l'impres-

sion. Mais ce dernier procédé est très-coûteux et ne s'emploie que pour les ouvrages d'un grand luxe. Le travail terminé, les plaques sont soigneusement essuyées pour les préserver de l'oxydation qui, couvrant le papier d'une teinte plombée, en altérerait le ton naturel.

Le papier destiné à être glacé doit être modérément trempé : d'abord parce que l'eau étant concentrée et refoulée dans la pâte par le *glaçage,* l'évaporation est moins considérable; ensuite parce qu'une trempe un peu forte rendrait les feuilles difficiles à manier et l'opération presque impraticable.

Voyons maintenant la machine à sécher le papier après l'impression. Autant la machine à glacer est simple de forme et fonctionne avec facilité, autant celle-ci est compliquée et demande d'attention dans sa direction.

Elle se compose d'un système de cylindres chauffés et mus par la vapeur; chaque cylindre est revêtu d'une double enveloppe de toiles entre lesquelles passe la

feuille, qui les parcourt successivement. Quand le dernier cylindre rend la feuille, elle a acquis le degré de siccité nécessaire.

Trois personnes sont nécessaires au fonctionnement de cette machine.

Une autre méthode beaucoup plus ancienne, mais

préférable pour les ouvrages soignés, consiste à étendre le papier sur des cordes disposées à cet effet. Pour cela on se sert d'une longue perche qui est surmontée à l'une de ses extrémités d'une traverse sur laquelle on place les feuilles pliées en deux, par pincées plus ou moins fortes, suivant le degré d'humidité dont elles sont imprégnées.

Comme vous le voyez, Mesdames, j'avais raison de dire, en entrant ici, que nous y verrions le commencement et la fin du travail auquel nous venons d'assister.

RELIURE.

E vous ai montré comment avait été gravé et fondu le caractère de notre *Livre;* nous l'avons vu composer, corriger et tirer. Il nous faut maintenant l'accompagner dans les différentes pérégrinations qu'il doit accomplir pour arriver, revêtu de sa carapace d'or, à l'étalage du libraire, et de là sur les tablettes de votre bibliothèque.

Entrons d'abord dans l'atelier de l'assemblage, où vous voyez ces longues tables chargées de monceaux de feuilles.

L'ouvrage que vous tenez à la main est du format *in-8° jésus*. Il se compose de trente feuilles, ce qui donne un total de quatre cent quatre-vingts pages.

Les trente feuilles étant placées sur la table, et par tas de cent cinquante à deux cents feuilles à la suite l'un de l'autre, l'ouvrier saisit la première feuille et la place sur la seconde, celle-ci sur la troisième, et ainsi de suite jusqu'à épuisement. L'ouvrage est ensuite remis au *satineur*.

Le *satinage* a pour but de faire disparaître le relief occasionné sur la surface du papier par l'action du foulage.

Voici comment on procède à ce travail : l'ouvrier place des cartons lisses sur sa droite; il en prend un qu'il pose devant lui; puis il saisit de la main gauche une feuille, et l'étend sur le carton; il la couvre d'un second carton, qu'il recouvre lui-même d'une seconde feuille, et toujours ainsi jusqu'à ce qu'on en ait réuni une certaine quantité. Le papier ainsi encarté est soumis à l'effort d'une pression considérable.

Après quelques heures, les cartons sont retirés. Les feuilles sorties et placées l'une sur l'autre reprennent ainsi l'ordre naturel qu'elles occupaient en premier lieu.

Quelques ateliers de satinage se servent encore de presses en bois qui ne sont autre chose que la reproduction, sur une plus petite échelle, de l'antique pressoir. Elles sont remplacées presque partout par des presses à percussion, dont la vis en fer, facile à manœuvrer, supplée avec avantage ces vieux instruments, qui rappellent l'enfance de l'imprimerie.

Mais aujourd'hui, toutes les maisons importantes, toutes celles qui tiennent à avoir un outillage perfectionné, possèdent des presses hydrauliques semblables à celles que vous voyez fonctionner ici.

Une courte description de cet appareil vous fera saisir son fonctionnement.

On sait que les liquides transmettent dans tous les sens et également la pression qu'on exerce sur eux, et que cette pression est proportionnelle à l'étendue de la surface que l'on considère. C'est sur ces principes que repose la presse hydraulique. Elle se compose de deux corps de pompe de diamètres différents. Le plus large est un cylindre en fonte dans lequel s'enfonce un piston plongeur, portant une large tête. Celle-ci est guidée dans son mouvement par deux colonnes en fer. Ces colonnes soutiennent un plateau en fonte contre lequel la tête du piston comprime les masses que l'on veut presser. Dans le deuxième corps de pompe se meut un

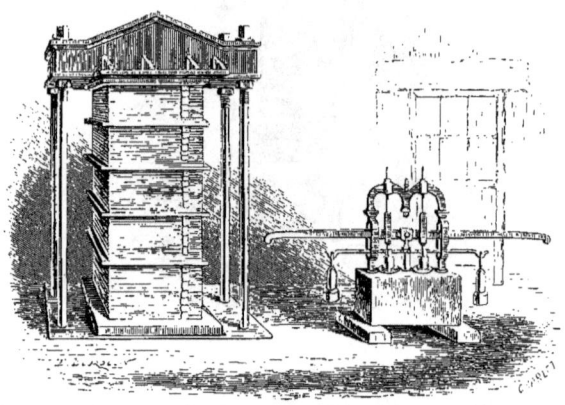

autre piston au moyen duquel on refoule l'eau dans le grand cylindre. Les deux corps de pompe communiquent entre eux par un tube en métal.

La pression exercée sur l'eau dans le petit corps de pompe est répétée mille, dix mille, cent mille fois sur le gros piston, si la section de celui-ci est mille, dix mille, cent mille fois plus grande que celle du petit. Quand on veut retirer le papier, on ouvre un robinet; l'eau s'écoule et le plateau s'abaisse.

La puissance de cet appareil est telle qu'il économise les trois quarts du temps employé par les presses ordinaires. Lorsqu'il est possible de l'installer à proximité d'une machine à vapeur, ce moteur peut être utilisé et remplace le bras de l'homme. Une seule pompe peut faire manœuvrer quatre presses.

Dans les maisons de premier ordre, comme celle que nous visitons, où s'exécutent tous les travaux qui se rapportent à la typographie, et où l'on satine continuellement d'énormes quantités de papier, des *modèles* de toutes sortes pour les administrations et les chemins de fer, les anciens procédés seraient insuffisants; aussi

a-t-on installé ici un grand nombre de presses hydrauliques. Le transport des papiers *encartés* sur ces presses se fait au moyen de ces grands chariots roulant sur de petits chemins de fer. Grâce à cet ingénieux système, on peut satiner ici des centaines de rames tous les jours.

Passons à présent de l'atelier de satinage dans l'atelier de pliage. Soixante-dix ouvrières sont occupées à ce travail, qui exige autant de soins que celui de l'*assemblage*. Si la *plieuse* manque d'attention, si elle

néglige de vérifier la *signature* des feuilles, le lecteur est exposé à rencontrer dans le volume des transpositions de cahiers qui l'arrêtent court, quelquefois même l'omission de feuilles entières. Admirez avec quelle justesse de coup d'œil, avec quelle prestesse de main l'ouvrière procède à ce travail, avec quelle sûreté le folio impair se place de lui-même sur celui qui le précède, laissant à droite et à gauche et en tête de la page le blanc ou la marge convenable.

L'ouvrière place les feuilles du volume réunies de manière que la signature soit à sa gauche, en bas, la face contre la table. Cette disposition met devant elle, dans une ligne horizontale, les pages 2, 15, 14, 3, et au-dessus, à rebours et dans le même ordre, les pages 7, 10, 11, 6 ; elle plie perpendiculairement, en suivant la ligne des pointures, et en faisant tomber 3 sur 2 et 6 sur 7 ; elle rabat ensuite de la main gauche, et forme enfin le troisième pli, qu'elle assujettit avec le plioir.

Nous supposons que le *Livre* qui nous occupe sera d'abord broché. Voyons donc ce qu'est ce travail. Nous passerons ensuite en revue les différents genres de cartonnage et de reliure.

Brocher un *Livre,* c'est en réunir toutes les feuilles, les coudre ensemble selon un certain ordre, pour que le discours se suive sans interruption et sans lacunes, et les recouvrir d'une feuille de papier de couleur, unie ou imprimée.

Le *Livre* est donc broché. Mais l'acheteur veut le faire cartonner ou relier. Pour cela, on commence par le *débrocher*, puis on le *bat* et on le coud.

Après avoir enlevé la couverture de la brochure, on coupe une chaîne de la couture, le fil se détache, et le volume est décousu.

Il faut alors le battre. On a pour cet usage un bloc de marbre ou de fonte et un marteau ou masse de fer, dont les vives arêtes sont arrondies pour éviter que les bords du papier ne soient atteints par le *coup*. L'ouvrier divise le volume en parties qu'il bat successivement.

Les Anglais ont inventé une machine à battre ou *laminoir*. Nous en avons ici un modèle qui fonctionne en ce moment. Mais son action, quoique plus puissante et plus prompte, ne supplée qu'imparfaitement au battage à la main. Notre livre battu, il faut le coudre. On

le soumet à une première opération qui consiste à pratiquer, au moyen d'une scie ou d'une mécanique qui la remplace, des fentes minces ou *grècques* destinées à faire passer le fil de la *couture*.

Approchons de ces longues files de petites tables où

travaillent les couseuses. Cela nous permettra de voir en même temps la couture et le cousoir.

Cet instrument est excessivement simple. Il se compose d'une table supportée par quatre pieds carrés, et surmontée d'une traverse à laquelle elle adhère au moyen de deux vis verticales; à cette traverse sont fixées des ficelles qui doivent former les *nerfs* auxquels les fils doivent se rattacher.

Lorsque la couseuse a disposé son instrument, elle présente son livre par le dos aux ficelles, elle les met en rapport avec les grèques, et elle commence la couture.

Ce travail terminé, on passe à la *reliure* proprement dite. Mais avant de pénétrer dans les détails de cet art tel qu'il se pratique de nos jours, permettez-moi de vous dire un mot de ce qu'était la reliure chez nos pères. La comparaison de ce qui se faisait autrefois avec ce qui se fait de nos jours n'est pas sans intérêt.

L'art de la reliure, tel que nous le pratiquons, n'était pas connu de l'antiquité, parce que la forme des livres était toute différente de celle que nous leur donnons aujourd'hui.

Les livres étaient ordinairement en rouleaux; les feuillets, écrits d'un seul côté, étaient collés de gauche à droite, l'un à l'autre, et formaient une longue bande que l'on roulait autour d'un bâton, comme nous faisons pour les cartes géographiques, les plans, etc.

Ce bâton, auquel la dernière page du livre était fixée, était en buis ou en ébène; les extrémités se terminaient par de petits boutons en cuivre, en argent ou en or. Le premier feuillet, qui enveloppait tout le rouleau, était recouvert au verso non écrit d'une feuille de parchemin; on y collait une étiquette en vélin, sur laquelle on inscrivait le titre de l'ouvrage, quelquefois en lettres

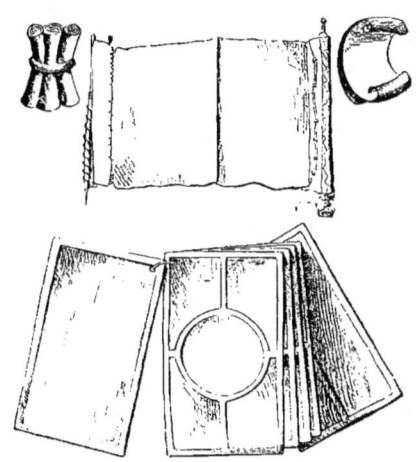

d'or. A cette couverture étaient attachés des rubans, le plus ordinairement rouges, destinés à serrer le rouleau autour du cylindre. La tranche des feuillets était poncée et teinte en pourpre.

Tout ce luxe de confection et d'agencement, joint aux frais de transcription calligraphique, qui étaient considérables, influait beaucoup sur la valeur matérielle des livres, et en faisait des objets d'une grande magnificence.

Dans le moyen âge, les manuscrits, qui avaient généralement la forme carrée, étaient reliés en *ais* de bois unis ou sculptés. Cette couverture en bois avait permis, à une certaine époque, tout en ajoutant du prix aux livres, de les faire garder par une chaîne de fer et des serrures. Les livres destinés aux étudiants recevaient, par-dessus le bois, une couverture en cuir ou en parchemin. On y ajoutait des coins en métal, comme on le fait aujourd'hui pour les registres, et des fermoirs en cuivre semblables à ceux des missels et des livres de chœur, fermoirs dont la mode est aujourd'hui revenue pour les ouvrages de piété richement reliés.

Les reliures du seizième siècle unissaient l'élégance à la solidité. Dès cette époque, l'art du relieur était arrivé à sa perfection. Les reliures actuelles, dont nous admirons l'ornementation riche et variée, sont des imitations heureuses des brillantes reliures qui figuraient dans les bibliothèques de nos aïeux.

La reliure se divise en trois parties distinctes : le cartonnage, la demi-reliure, et enfin la reliure proprement dite. Si le livre est recouvert de parchemin, de papier de couleur uni ou imprimé, c'est un cartonnage; s'il est recouvert de percaline, ou si le dos seulement est en basane ou en maroquin, c'est une demi-reliure; mais lorsque le dos et les plats sont recouverts d'une substance uniforme, telle que basane, veau, mouton, cuir de Russie, maroquin, chagrin, velours, etc., alors on dit du volume qu'il est relié.

Depuis quelques années, un nouveau genre de cartonnage, dit *à la Dopter,* a remplacé le cartonnage allemand connu sous le nom de Bradel, et qui, à un certain moment, a fait fureur. Le cartonnage à la Dopter est élégant, et il a le grand avantage de n'être pas cher; il se fait en papier bleu indigo, glacé, moiré, ou blanc et or, et produit le plus charmant effet.

Vous, Mademoiselle, vous devez posséder une ample collection de ces jolis livres, car ils sont surtout en usage dans les pensionnats pour les distributions de prix.

— J'en ai quelques-uns, en effet, répondit modestement la jeune fille, et j'avoue que c'est avec un grand plaisir que je les ai reçus, non pas seulement parce que c'était une récompense que je n'étais pas toujours bien sûre d'avoir méritée, mais aussi parce qu'ils étaient gracieux, et ne déparaient pas ma petite bibliothèque.

— Nous éditons également ici des volumes pour les distributions de prix. Ces ouvrages sont destinés aux *bibliothèques scolaires.* Ces vitrines en renferment de nombreux exemplaires. Ouvrez-les au hasard, et vous pourrez vous assurer, Mesdames, que s'ils brillent moins à l'œil que ceux dont nous parlons, ils ne leur cèdent en rien pour le mérite intrinsèque, et surtout pour la sûreté de leurs principes et la somptuosité de leur vêtement.

— Ils sont vraiment fort beaux; la reliure nous en paraît riche et solide, et les dessins qui les décorent sont d'une exécution parfaite.

— Poursuivons notre démonstration. Si nous entrions dans le détail des diverses manipulations que nécessitent tous les genres de reliure et de cartonnage, vous seriez surprises, j'en suis sûr, de leur nombre et de leur variété.

En sortant des mains de la couseuse, le volume passe dans celles du *relieur*.

Après avoir plié les gardes, l'ouvrier épointe les ficelles et les enduit de colle; puis il coupe et fixe les cartons qui doivent former les *plats*; il passe ensuite à l'*endossure* du volume, ce qui veut dire qu'il en forme le dos en le recouvrant de couches successives de colle, et en l'arrondissant à coups de marteau ; puis,

le dos formé, il enfonce les ficelles, forme et égalise les *mors* et les dresse en ligne droite et à vive arête.

Ceci fait, on procède à la *rognure*. Les presses à rogner, qui servaient aussi à l'endossure, ont, comme tout l'outillage ancien, subi la loi du progrès. La vieille caisse surmontée de ses deux jumelles horizontales, sur lesquelles l'ouvrier promenait le *fût* traditionnel, ne se voit plus que dans quelques ateliers arriérés. Aujourd'hui, ces presses sont remplacées par des machines

en fer plus commodes et moins fatigantes. Il en existe
ici plusieurs spécimens divers par leur forme, mais

dans toutes c'est le même système opposé à l'ancien :
le couteau tombant perpendiculairement et successi-

vement, et mis en mouvement par un volant ou un
levier.

L'ouvrier fait le travail de la rognure en commençant par la tête; il le continue par la queue, et le termine par la tranche. Cette dernière opération est la plus difficile, parce qu'il s'agit de former la *gouttière*. Pour cela il appuie le dos du volume sur la presse, en le maintenant fortement au moyen de ligatures; il rogne ensuite : le volume dégagé reprend sa position naturelle, et la gouttière se trouve formée.

Il faut maintenant faire la *tranche*, c'est-à-dire la couvrir d'une couleur quelconque, soit simple, soit jaspée, marbrée ou dorée. Pour jasper ou marbrer, on broie des couleurs à l'eau et on les délaye avec de la colle de farine limpide.

Quand on veut *jasper* la tranche d'un livre, on place le volume debout, entre des blocs de bois; puis, avec un petit balai de racines de chiendent, on prend de la couleur bleue très-pâle; on saisit de la main gauche une barre de fer que l'on frappe du manche du balai pour faire tomber de haut, sur la tranche, des gouttelettes de couleur comme une pluie très-fine. On fait de même pour toutes les couleurs qu'on veut mélanger avec la première.

Si c'est une *marbrure* qu'on veut obtenir, on broie les couleurs dans de l'eau gommée, et on y ajoute de l'alcool. On fait tomber goutte à goutte la couleur dans un récipient rempli d'eau distillée. En distribuant la couleur avec précaution sur les différents points du vase, elle flotte à la surface de l'eau, et l'esprit-de-vin lui fait prendre des formes capricieuses. On y plonge la tranche du livre, qui se les accapare et les reproduit immédiatement.

Nous allons maintenant assister à la *dorure*. Pour dorer la tranche, on serre le volume dans une vieille presse à rogner, puis on l'enduit d'une décoction safranée. Quand la tranche est séchée, on la gratte avec un outil d'acier plat et arrondi à l'un de ses bouts, puis on établit l'assiette de l'or en étendant sur la tranche ou gouttière du blanc d'œuf allongé d'eau ; cela fait, on étend l'or sur la gouttière.

On enlève l'or couché en feuilles sur un coussinet avec un morceau de papier-pâte ; on l'étend en soufflant dessus, et on l'assujettit avec du coton en rame. On laisse sécher pendant quelques heures, puis on brunit avec une agate. On essuie la tranche avec un linge légèrement imprégné de cire vierge, et on recommence jusqu'à ce qu'elle soit lisse et claire.

Si le volume est relié en basane, on a d'abord *paré* les peaux, c'est-à-dire qu'on a enlevé un peu de leur épaisseur avec un couteau de corroyeur, principalement sur les bords, puis on les a collées sur les cartons ou *plats*. Si elles doivent être simplement marbrées, on les asperge d'une préparation d'eau, de noix de galle et de couleurs diverses, selon l'effet qu'on entend produire. Si, au contraire, on veut les dorer, voici comment on s'y prend :

On saisit l'or en l'enlevant du coussinet et on l'étend

d'abord sur le dos; puis on fait chauffer les *fers* où

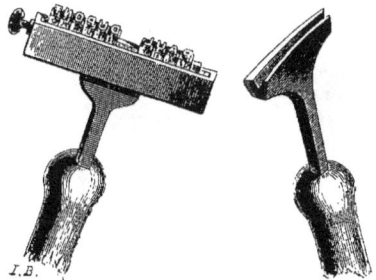

sont gravés les fleurs et les ornements, et on les applique fortement.

Tantôt on se contente de *pousser* le titre sur le dos, en l'accompagnant du numéro du volume et du nom de son possesseur, et en ajoutant sur les plats un simple filet d'or; d'autres fois, au contraire, on prodigue les

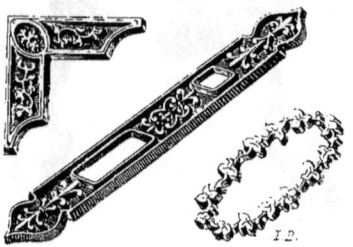

enjolivements les plus variés sur le dos et les plats. Le goût de l'artiste est le seul guide pour ces sortes de travaux, et toutes les descriptions n'y sauraient suppléer.

Qu'il s'agisse d'un ouvrage de grand luxe, comme celui que Mademoiselle admire avec raison, ou d'un livre simplement relié en basane, l'opération est la même; elle ne diffère que par le plus ou moins de précautions à prendre dans l'exécution. On étend l'or sur les plats, comme on l'a fait pour le dos; puis on pose le carton revêtu de son cuir sous une presse, et l'on serre fortement.

On se contente souvent, pour les demi-reliures surtout, de *gaufrer* les volumes. La gaufrure entre dans les attributions du doreur sur cuir. Mélangée avec l'or, elle produit un très-gracieux effet.

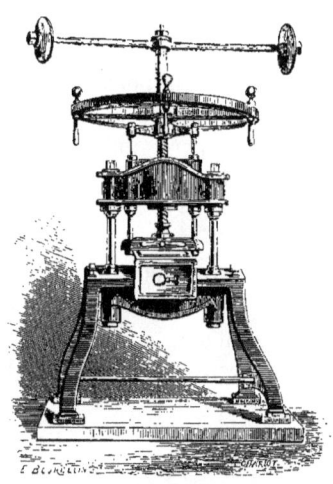

Notre étude touche à son terme. Le *Livre,* dont nous avons observé la conception, que nous avons vu sortir du néant, puis grandir et revêtir successivement plusieurs formes, vient de recevoir sa parure définitive. Il est frais, pimpant, coquet, souriant, comme une jolie femme à son premier jour de bal ; comme elle, il trouvera dans le monde, où il n'a pas encore pénétré, des fortunes diverses. Puisse la couronne du poëte briller longtemps à son front, et lui réserver de glorieuses destinées !

Mais quand le succès accueille l'apparition d'une œuvre littéraire, et que les acheteurs sont nombreux, il devient nécessaire de multiplier les éditions. S'il fallait, à chaque tirage nouveau, recommencer la composition, ce travail occasionnerait trop de frais et des lenteurs préjudiciables aux intérêts des éditeurs, et exposerait, en outre, les éditions successives à des disparates choquantes. On pourrait éviter ce double inconvénient en conservant la composition ; mais cela immobiliserait en pure perte un matériel d'une valeur considérable : il est plus économique et moins encombrant de *clicher* les pages.

Lors de notre première visite à la fonderie, nous nous sommes promis d'y revenir pour expliquer les procédés de la clicherie. Nous allons tenir notre parole. Ne vous effrayez pas, nous n'y resterons pas longtemps.

CLICHERIE. — STÉRÉOTYPIE.

ÉNÉTRONS de nouveau dans ce sanctuaire, où brûle un feu perpétuel, véritable générateur de l'art. Laissons de ce côté les graveurs et les fondeurs, qui nous ont déjà initiés à leurs travaux. Entrons dans cet atelier. Ici encore tout est mystère. Il serait bien difficile de s'expliquer ce que font là ces ouvriers, si, à l'avance, nous ne savions que leur labeur va donner une nouvelle vie aux pages que nous avons vu naître sous les doigts exercés des compositeurs.

— Qu'est-ce donc que ces roues qui évoluent si rapidement, ces cornues, ces vases ventrus, au col allongé en spirale, qui donnent à cette salle un air cabalistique et la font ressembler au sombre laboratoire d'un alchimiste?

— L'aspect de ces appareils bizarres ne doit en rien effrayer votre imagination, Mademoiselle, car les secrets qu'ils recèlent sont faciles à éclaircir. Omettant, autant que possible, les détails purement scientifiques des théories que nous allons étudier ensemble, je tâcherai de vous épargner l'ennui d'une description trop technique, et me bornerai à être clair et bref, deux qualités assez difficiles à obtenir d'un narrateur.

Comment et à quelle époque est venue l'idée de conserver toutes composées les pages d'un livre, sans immobiliser les caractères? Par quelles phases ce complément de l'art typographique a-t-il passé avant d'arriver au degré de perfection où nous le voyons aujourd'hui? Cette question ne laisse pas d'être intéressante à examiner. Remontons donc à l'origine de cette invention, et accompagnons-la dans sa marche vers le progrès.

Tirée à un grand nombre d'exemplaires, une édition devenait très-chère et très-longue à écouler; si, au contraire, on se bornait à un tirage restreint, la nécessité de renouveler la composition se reproduisait à chaque édition successive, ce qui occasionnait une dépense considérable. Frappé de ces inconvénients, un orfèvre écossais nommé Ged entreprit, en 1725, l'impression d'une édition de Salluste par des procédés de conservation des compositions, qui consistaient à enfoncer la page dans une masse d'argile sur laquelle il coulait du cuivre; mais ces essais ne furent pas heureux, et, jusqu'en 1783, aucun résultat sérieux n'avait été réalisé, lorsqu'un imprimeur de Schlestadt en tenta de nouveaux. Il fit avec la planche mobile une empreinte dans une terre grasse, à laquelle il mêlait du plâtre et une matière gélatineuse. Il coula dans cette empreinte une composition de plomb, d'étain et de bismuth. C'était déjà le véritable cliché, tel qu'il existe aujourd'hui. Ce typographe vint à Paris, et fut d'abord autorisé à y fonder un établissement auquel il donna le nom d'*imprimerie polytype;* mais un arrêt du conseil du mois de novembre 1787 en prononça la suppression.

Quelques années plus tard, en 1797, on imagina d'enfoncer à froid, et à l'aide d'un balancier semblable à celui du monnayeur, la page composée de caractères mobiles, dans une planche de métal destinée à servir de matrice. Ici encore l'inventeur se vit arrêté par un obstacle invincible : la matière des caractères, dans laquelle il entrait de l'argent, revenait à un prix trop élevé : il fallut renoncer au procédé.

Firmin Didot trouva un alliage moins coûteux et tout aussi dur que le précédent. On couchait la page composée sur une planche de métal malléable, du côté de l'œil, et on faisait passer les deux planches ensemble sous le balancier. La matrice obtenue, on l'ajustait dans un châssis sur une pièce de bois ou *mouton*, la face en dessous, en regard d'une boîte de carton remplie de matière en fusion. On laissait tomber le mouton sur le métal, qui se solidifiait à l'instant même.

— 112 —

Depuis la découverte de ce dernier procédé, des moyens plus simples et plus économiques se sont produits. En 1822, fut importé en France le moulage au plâtre. Ce moyen, prompt et facile, s'était établi rapidement; mais en 1846, il a été remplacé par le moulage au papier, qui réunit toutes les conditions de célérité, de netteté et de solidité.

C'est ce dernier procédé qui est en usage ici, et que nous allons voir mettre en œuvre.

Vous avez sous les yeux une planche dont on veut prendre l'empreinte. Plusieurs feuilles de papier joseph sont étendues sur cette forme; on place par-dessus une sorte de *matelas* formé de feuillets de papier juxtaposés et collés ensemble. L'empreinte s'obtient au moyen d'un rouleau ou en frappant le matelas avec une brosse de sanglier. Cette dernière manière est préférable en ce qu'elle creuse plus profondément. Les creux et les reliefs sont ainsi reproduits exactement, et, pour rendre les reliefs plus vifs, on applique dans les creux un mastic composé de blanc d'Espagne et de colle. Puis on fait sécher l'empreinte sur la composition même pour éviter le *retrait,* sous cette *presse* que vous voyez là. Lorsque

la siccité est complète, ce qui est très-important, on sépare l'empreinte de la forme; on fait *neiger* sur elle une poudre de talc destinée à faciliter sa séparation d'avec le cliché; puis elle est mise dans le moule et assujettie par une équerre qui sert d'étalon pour la hauteur du cliché. On verse alors la matière en fusion par l'orifice ménagé à la partie supérieure du moule.

Le cliché refroidi est *scié, raboté* et *échoppé.* Cette

dernière opération consiste à enlever au ciseau tout ce qui ne doit pas paraître à l'impression.

Quand il s'agit de clicher un certain nombre de pages ensemble, pour éviter de doubles ou de quadruples compositions, ou de *marier* ensemble des compositions diverses, dans le but d'éviter des frais de tirage, on ajuste les empreintes dans le moule; puis les clichés faits, on les sépare au moyen d'une scie circulaire, et

on enlève autour des pages les parties inutiles produites par le *jet*. Ce travail se fait, comme vous le voyez, avec une rapidité vraiment extraordinaire.

Quand on veut se servir des clichés, comme ils n'ont qu'une épaisseur de quelques millimètres, on les impose comme une forme ordinaire, en les fixant, au moyen de griffes, sur des blocs de plomb, qui les élèvent à la hauteur habituelle des caractères.

Le clichage au papier fatigue peu la lettre; il permet de garder les empreintes levées à peu de frais, et de ne fondre que lorsqu'un premier tirage, exécuté sur mobile, a été épuisé en entier. Ce sont là des avantages faciles à apprécier et qui ont largement contribué au bon marché des livres. Ce procédé a facilité l'avènement de la presse à un sou; car le moule en papier peut atteindre

aux plus grandes dimensions, ce qui permet le clichage des journaux et gravures de tous formats. Le cliché peut, en outre, prendre facilement la forme cintrée s'adaptant aux cylindres de presses mécaniques spéciales.

Une autre découverte plus récente, et qui complète

admirablement la précédente, consiste à appliquer au clichage, pour donner aux traits plus de pureté et le rendre inaltérable, le procédé auquel son inventeur a donné le nom d'*électrotypie*.

Ce procédé n'est autre chose que la *galvanoplastie*, trouvée en 1837, en même temps par un savant de Saint-Pétersbourg, M. Jacobi, et en Angleterre, par Thomas Spencer, et qui est fondée sur les principes que je vais vous expliquer.

Quand un morceau de fer ou de cuivre est mouillé, ou simplement exposé à l'air, il se rouille. La rouille est une combinaison d'atomes de métal et d'un gaz, l'oxygène, abondant dans l'air, et encore plus dans l'eau. En combinant l'oxyde de cuivre avec l'acide sulfurique, on

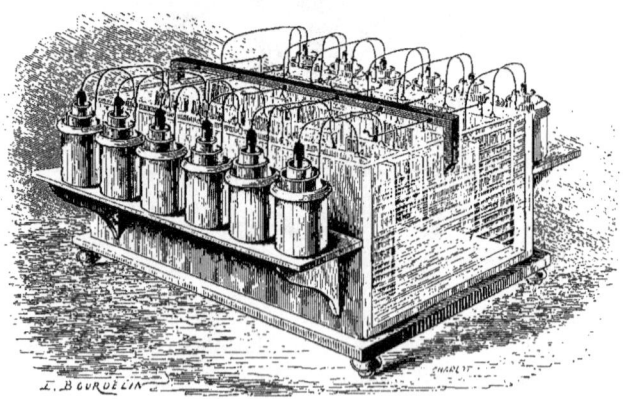

obtient un sel appelé vitriol bleu. C'est de ce sel qu'on se propose d'extraire le cuivre qui doit servir à l'opération galvanoplastique. Pour cela on fait dissoudre le vitriol dans un vase plein d'eau. Puis on amène, au moyen de piles voltaïques, un courant électrique dans le vase.

L'électricité fouille le sel dissous dans l'eau et sépare l'acide sulfurique de l'oxyde de cuivre, et, en même temps, pénétrant dans la combinaison de l'eau dont il est imprégné, elle en sépare les deux éléments, l'oxygène du côté de l'acide sulfurique, et l'hydrogène du côté de l'oxyde de cuivre.

Il résulte de cette opération que l'oxyde de cuivre étant débarrassé de son oxygène, le cuivre reste seul, parfaitement isolé, suspendu dans le liquide en parcelles infiniment petites. Toutes les parcelles de cuivre, entraînées par le courant électrique, se précipitent à la surface de l'objet qu'on y plonge, et le recouvrent entièrement.

Pour diriger le dépôt, il faut connaître les surfaces bonnes conductrices de l'électricité. Quand l'objet soumis au bain n'a pas cette propriété, on la lui procure par l'application d'une poussière métallique, la plombagine, par exemple; si, au contraire, on veut garantir certaines parties, on les recouvre d'une substance qui soit mauvaise conductrice.

Tels sont, fort abrégés, les principes sur lesquels repose la *galvanoplastie*.

Si, maintenant, nous prenons cette page clichée, et que nous voulions la recouvrir d'une couche de cuivre, nous l'immergeons dans le bain. Aussitôt le courant voltaïque s'établit, la précipitation a lieu, et on la laisse continuer jusqu'à ce que le dépôt ait acquis une épaisseur suffisante.

On emploie aussi ce moyen de préservation pour les gravures sur bois. On sait que le bois subit toutes les influences atmosphériques. Un orage, un changement de température, le degré d'humidité ou de siccité de l'atelier, agissent sur le bois d'une manière très-sensible. On tourne la difficulté en prenant l'empreinte du bois et en faisant un cliché qu'on expose ensuite à un courant électrique pour le revêtir d'une solution cuivrée.

On obtient un résultat meilleur en prenant simplement l'empreinte de la gravure avec de la gutta-percha, au moyen d'une presse à balancier ou d'une presse hydraulique. Après avoir été enduite de mine de plomb, l'empreinte est plongée dans la dissolution et se couvre d'une couche de cuivre. Le cliché est ensuite monté sur plomb; on lui donne ainsi l'épaisseur du cliché ordinaire.

Ce mode de clichage sert encore à la reproduction des cadres et des fonds d'actions, dont on fait souvent des tirages très-considérables. Les clichés galvanisés étant insensibles aux variations de la température, les repères sont plus sûrs par leur moyen que par l'ancienne méthode, et la mise en train, une fois établie, reste immuable.

La galvanoplastie est encore employée pour la gravure. Sur une plaque polie on dessine des traits en relief; on dirige le courant électrique sur la plaque; elle se revêt d'une couche de cuivre qui présente des creux correspondant aux saillies de la plaque. Par suite la couche de cuivre devient une espèce de planche gravée, avec laquelle on peut imprimer.

Il est inutile d'ajouter que le cuivre n'est pas le seul métal employé ainsi, et qu'il suffit d'introduire dans l'eau, au lieu d'un sel de cuivre, un sel d'un autre métal, or, argent, platine, etc.

Ce n'est donc pas seulement par mesure d'économie que l'on applique à l'imprimerie des procédés scientifiques si ingénieux. C'est aussi pour arriver à une plus grande perfection dans les tirages. Toutes les gravures sur bois que vous admirez dans l'ouvrage qui a excité si justement votre intérêt ont été tirées sur des clichés galvanisés, et je suis bien certain que vous ne supposiez pas, en ouvrant ce livre, que la chimie et la physique apportaient ainsi leur contingent aux plaisirs délicats que procure à l'esprit la lecture des chefs-d'œuvre de notre littérature.

Vous le voyez, nous avions bien raison de dire, en entrant dans cet atelier, que nous allions assister à un curieux spectacle. Rien n'est plus intéressant, en effet, que les opérations que nous venons de voir s'accomplir, et dont aucune description ne saurait donner une idée exacte.

Nous pourrions, Mesdames, terminer ici notre étude. Non-seulement notre livre est fait, mais, de plus, prévoyant pour lui un long avenir, nous l'avons soumis à un dernier perfectionnement, qui lui assure une existence à l'abri de toute éventualité fâcheuse. Cependant, en attendant le commencement de la fête qui va s'ouvrir, nous allons, si vous le voulez bien, consacrer quelques minutes à l'examen d'une branche de l'art qui se rattache intimement à ce que nous avons déjà vu.

Revenons sur nos pas. Traversons les jardins, et, à l'extrémité de la grande galerie des machines, nous trouverons la *Lithographie*.

LITHOGRAPHIE.

i vous le voulez bien, continuons notre promenade, et, tout en nous rendant à l'atelier que nous désirons visiter, reportons-nous à la fin du siècle dernier. Là, nous évoquerons le spectacle touchant d'un grand inventeur, d'un jeune homme, déjà usé par les privations et les souffrances, luttant depuis cinq ans contre des difficultés de toutes sortes, mais chez qui rayonne l'espérance et la foi.

Parmi les arts graphiques qui sont comme les auxiliaires de l'Imprimerie, la Lithographie tient un rang des plus honorables. Si son origine est moins ancienne que celle de sa rivale, elle a été tout aussi laborieuse; mais tandis que la découverte de l'imprimerie suscitait à son auteur les basses jalousies, les injustices de ses contemporains, si elle était l'objet, d'abord, des exactions de ceux qu'elle enrichissait, celle de la lithographie, se produisant à une époque plus éclairée, était accueillie avec faveur, encouragée par les savants, et, chose rare dans l'histoire douloureuse des inventions humaines, récompensée du vivant même de l'homme de génie à qui nous la devons.

L'inventeur de la lithographie est né à Prague, en 1771. C'était un simple artiste nommé Aloys Senefelder. Auteur d'une pièce de théâtre qui avait eu un certain succès, et dans laquelle lui-même jouait un rôle, il avait cru un moment voir s'ouvrir devant lui la route de la fortune. Mais son illusion fut de courte durée ; au lieu de la renommée qu'il espérait, il ne rencontra que déceptions et misère, et il fut bientôt réduit à copier de la musique pour vivre. Cette ressource était précaire ; pour la rendre un peu plus productive, il chercha à multiplier les copies par des moyens plus expéditifs que ceux qu'on avait employés jusque-là.

Après plusieurs tentatives infructueuses pour former des planches en relief, au moyen de matrices en cire à cacheter qui rappellent les essais de la stéréotypie, Senefelder s'exerça à écrire à rebours au moyen d'une plume d'acier, sur une planche de cuivre qu'il recouvrait du vernis des graveurs, et dont il se servait ensuite pour imprimer.

Mais ces planches étaient trop coûteuses et s'usaient rapidement ; il les remplaça par des plaques d'étain qui ne lui procurèrent pas de meilleurs résultats : la pierre ponce nécessaire pour les effaçages coûtait encore trop cher au pauvre inventeur.

Heureusement, la Providence avait placé sous sa main l'instrument de sa gloire. Il se souvint qu'il avait vu sur les bords de l'Isar de petites pierres blanches et plates ; il eut la pensée de les utiliser pour ses essais d'écriture et de gravure à rebours, sans prévoir d'abord qu'il fût possible de s'en servir pour l'impression. Ce n'est qu'un peu plus tard, et grâce au hasard, qui vient si souvent en aide aux chercheurs, qu'il put remplacer entièrement avec ces pierres les planches de métal, et qu'il fut amené à la découverte de l'art merveilleux dont nous allons voir se dérouler devant nous les applications diverses.

On était alors en 1798. Senefelder avait trouvé un vernis composé de cire, de savon et d'essence de térébenthine ; il étendait ce vernis sur la pierre polie comme il le faisait sur le cuivre, puis il traçait l'écriture avec une pointe, et faisait mordre à l'eau forte. Il tirait des épreuves sur une presse en taille-douce, avec une encre composée d'huile de lin, de noir de résine et de crème de tartre.

Tel fut le premier âge de la lithographie.

Cette période d'essais et de tâtonnements dura deux ans. Il fallait trouver une presse qui permit l'impression par des moyens mécaniques, et pour cela susbtituer à la gravure en creux l'écriture en relief ou simplement de niveau. Ces difficultés furent vaincues, et, en 1800, le roi de Bavière accorda à l'inventeur un brevet exclusif pour l'exploitation de son procédé pendant quinze ans. En 1803, Senefelder introduisit la lithographie en Autriche. Déjà il avait fait de nombreux élèves, qui créèrent des établissements dans les principales villes d'Allemagne. Puis Rome, Venise, Florence et Milan eurent leurs lithographies.

Ce n'est qu'en 1814 que M. de Lasteyrie, qui avait connu Senefelder à Munich, ouvrit un atelier à Paris. Senefelder y vint bientôt lui-même, et s'y établit, rue

Servandoni. Là il recevait la visite de tous les savants, de tous les hommes notables de l'époque, qui se plaisaient à lui faire raconter ses commencements, et l'aidaient de leurs conseils. Il publia peu après un *Traité de l'art lithographique* dans lequel il prévoit tous les perfectionnements réalisés depuis. Ainsi le décalque des vieux livres ou des anciens manuscrits, les tirages en couleur y sont annoncés. Il semble que cet homme remarquable ait voulu qu'après lui on ne pût rien inventer qu'il n'ait prévu ou indiqué.

Après avoir dépensé son temps et son argent à la recherche d'un bleu solide pour l'impression des étoffes, et usé sa vie à la poursuite d'une idée chimérique, la direction des ballons, Senefelder retourna à Munich, où il obtint une pension du roi de Bavière, et où il mourut, en 1834, à l'âge de soixante-trois ans.

Cependant un grand nombre d'imprimeries lithographiques s'étant créées en France, le gouvernement de la Restauration assimila la lithographie à la typographie, et, par une ordonnance du 8 octobre 1817, Louis XVIII obligea les lithographes à se pourvoir d'un brevet.

Mais nous voici arrivés à la galerie des machines.

Traversons-la, et entrons dans cette pièce, où travaillent les écrivains et les dessinateurs.

La première opération est le *grainage* de la pierre. Voici comment on y procède : l'ouvrier sème sur une pierre une couche de grès ou de sablon ; il l'humecte d'eau, puis il place dessus une seconde pierre à laquelle il imprime un mouvement continu, qu'il renouvelle en mettant alternativement la pierre de dessous sur celle de dessus. Quand les deux pierres sont parfaitement dressées on termine le polissage à la ponce.

L'écrivain ayant reçu sa pierre, s'assure qu'elle est convenablement polie; par surcroît de précaution, il l'a ponce lui-même légèrement, et la lave avec une dissolution d'une très-petite quantité d'eau de savon blanc ou d'essence de térébenthine.

Dans l'origine, chaque écrivain fabriquait lui-même son encre; mais on ne tarda pas à reconnaître qu'il y avait avantage à se procurer l'encre toute préparée. La manière dont on l'emploie est assez curieuse pour être expliquée. L'écrivain frotte dans une soucoupe l'extrémité de son bâton, et met ainsi dans la soucoupe une petite épaisseur d'encre. Il jette sur cette encre quelques gouttes d'eau distillée et la délaye avec le doigt ; puis il la verse dans son encrier. Si la soucoupe reste blanche, la préparation est trop faible ; on la charge jusqu'à ce qu'on obtienne une teinte brune sur la soucoupe.

La pierre et l'encre prêtes, l'écrivain peut entreprendre son travail. Après avoir pris le milieu de la pierre avec son compas, il tire deux lignes au crayon, l'une perpendiculaire à l'autre, et la coupant à angle droit. Ces deux lignes sont la base du tracé général.

Il esquisse ensuite légèrement au crayon l'ensemble de la composition, puis les mots, les lettres de genre, les fleurons, en ayant soin de compter les lettres de chaque mot.

Pour les ornements compliqués, et pour les vignettes qui exigent des soins et qu'il faut obtenir retournées, on dessine un croquis sur du papier végétal, et on fait un décalque léger sur pierre, à la mine de plomb ou à la sanguine, pour faciliter l'exécution à l'encre. Quand on a deux vignettes pareilles, on se contente de faire un seul croquis qu'on décalque successivement des deux côtés de la composition.

L'écriture sur pierre est surtout une affaire de goût, et celui qui est dépourvu de cette faculté ne fera jamais qu'un mauvais écrivain. Comme tous les travaux artistiques, l'écriture sur pierre n'est soumise à aucune règle inflexible; il suffit que l'écrivain se rende bien compte des principes que l'on doit observer dans la disposition des lignes, dans l'arrangement des mots, le choix des caractères, les détails de l'énonciation d'un titre; qu'il saisisse les phrases qu'on veut grouper, etc. Du reste, la typographie fournit à cet égard des modèles qu'on s'attache généralement à imiter.

Dans les impressions du commerce, il arrive souvent qu'on est obligé de figurer des lignes grises pour imiter le crayon. Si l'on tirait ces lignes à la plume, elles viendraient en noir. Après avoir acidulé la pierre, c'est-à-dire l'avoir soumise à l'action d'une préparation d'eau-forte étendue d'eau distillée, et l'avoir gommée, on trace, au moyen d'une pointe d'acier très-fine, ou mieux, d'une pointe en diamant, toutes les lignes dont on a besoin. Au tirage, ces lignes en creux ne rendent que la teinte qu'on a voulu leur donner.

Tels sont, succinctement exposés, les détails du travail auquel se livrent quelques-uns de ces messieurs. Nous allons maintenant en voir un autre : celui-ci exige des connaissances plus étendues, et de longues études préparatoires.

De tous les arts, la lithographie est peut-être celui qui exige le plus de soins, et de tous les travaux, le dessin au crayon sur pierre est celui qui peut le moins s'en passer. En effet, la moindre tache, la plus petite parcelle de poussière, sont répétées au tirage et suffisent pour gâter les plus belles estampes.

Au moment d'entreprendre son travail, l'artiste doit examiner si la pierre est d'un format suffisant pour laisser dans tous les sens une marge convenable, et si son *grain* est bien en rapport avec le genre du sujet à exécuter. Un grain fin fait bien ressortir les plus petits détails; le dessin en devient doux, harmonieux et transparent tout à la fois.

Quelques artistes placent leur pierre sur un chevalet comme une toile; d'autres se contentent de la garnir aux extrémités de bandes de carton destinées à soutenir les planchettes qui servent d'appui-main, et la mettent à plat sur la table, en élevant seulement la partie supérieure, pour lui donner l'inclinaison d'un pupitre. C'est ce dernier procédé qui est employé ici.

— A quoi donc sert cette petite glace dressée devant monsieur, et dans laquelle il semble *mirer* son travail avec tant de complaisance?

— Vous vous rappelez, Mademoiselle, que la composition typographique, ainsi que l'écriture sur pierre que vous venez de voir, sont exécutées à rebours. L'impression rendant justement l'envers de ce qu'on lui oppose, si l'artiste copie directement le modèle qu'il a sous les yeux, le dessin sera dénaturé : les personnages seront gauchers, la rivière prendra la place de la forêt, et les tourelles du château exécuteront un chassé-croisé. Pour éviter ce défaut capital, on place l'original étendu de haut en bas devant une glace debout. Le dessin est vu à rebours, et on en fait ainsi une esquisse sur la pierre. D'autres fois, on se borne à faire un calque sur papier végétal, avec la mine de plomb. On le retourne, et on le fixe sur la pierre avec des pains à cacheter; on glisse entre le papier et la pierre un second papier frotté de sanguine, et on opère le décalque, en suivant tous les traits avec une pointe fine, mais non aiguë, que l'on appuie suffisamment pour laisser une empreinte rouge sur la pierre.

L'artiste a donc fait l'esquisse; il la décalque à la sanguine, en évitant de la faire trop forte, pour que la sanguine, s'interposant entre le crayon et la pierre, ne fasse corps avec celle-ci.

Le travail ainsi préparé, on commence à crayonner sans forcer les ombres, et en les amenant doucement par de petites hachures. On peut aussi employer l'encre lithographique avec le pinceau dans les premiers plans de paysage, dans certaines parties de costumes, pour les contours prononcés, comme dans les ornements, les machines, l'architecture, etc. ; mais il faut être sobre de son emploi, et l'éviter surtout dans les figures, excepté pour le point noir de l'œil, ce qui lui donne plus de vivacité.

On se sert du grattoir quand on veut obtenir des effets de lumière brillants, pour détacher les nuages d'un ciel trop chargé, pour représenter avec plus de vérité le passage du soleil à l'horizon, les effets de lune, etc.

Le dessinateur ne doit pas se laisser influencer par le ton lumineux de la pierre; son talent consiste précisément à bien se rendre compte de l'effet que produira son travail sur le papier, dont le blanc cru éclatant fond mal les tons du dessin et en fait ressortir, au contraire, toute la nudité. L'artiste doit donc s'attacher à couvrir les demi-teintes avec le plus grand soin.

Après l'écriture et le dessin vient la gravure sur pierre. Pour faire ce travail, qui se rapproche beaucoup de la gravure à l'eau-forte, et remplace, jusqu'à un certain point, la gravure sur bois, on acidule une pierre poncée avec de l'eau, de l'acide nitrique et de la gomme arabique. Quand la surface est sèche, on lave la pierre et on la colore avec de la sanguine, que l'on frotte jusqu'à ce que la couleur ne salisse plus les mains.

On commence alors à graver avec des pointes ou des échoppes d'acier trempé. On creuse la pierre le moins possible. On peut effacer les traits faux en passant dessus au pinceau une couche de gomme arabique. Si l'on veut faire des corrections, on se sert du grattoir. Les parties découvertes sont acidulées avec un mélange dans lequel on met de la sanguine, afin de pouvoir graver de nouveau sur la partie effacée. La gravure étant terminée, on la prépare pour l'impression en étendant dessus de l'huile de lin. Après un quart d'heure, on noircit entièrement la pierre à l'aide d'un tampon de flanelle garni d'encre d'impression délayée avec de l'essence de térébenthine et un peu de gomme. On met ensuite la pierre dans l'eau; la gomme interposée entre la pierre et l'encre emporte celle-ci en se dissolvant, et il ne reste d'encre que dans les tailles, où la pierre a été découverte par la gravure; elle y trouve le gras de l'huile et s'y fixe chimiquement. La pierre est alors prête pour le tirage.

L'impression ou tirage des planches en lithographie est la partie la plus difficile de toutes celles qui composent l'ensemble de cet art. On comprend que l'écriture et le dessin étant une production du goût de l'écrivain ou du dessinateur, les progrès, dans cette branche de l'art, sont à peu près limités : une œuvre d'art est belle ou elle ne l'est pas : la médiocrité ne s'accepte point.

Il en est tout autrement des professions mécaniques. Pour celles-là le progrès est l'essence même de leur existence. Eussions-nous la planche la mieux réussie, si le tirage est mauvais, ou même d'une exécution moyenne, l'effet cherché est manqué : l'œuvre est perdue.

Si le travail mécanique se complique d'études chimiques, comme dans le sujet dont nous nous occupons, il est évident qu'une longue pratique seule peut suppléer au défaut d'instruction spéciale que ne peuvent posséder de simples ouvriers.

Le premier, le plus important instrument du tirage est la presse. Depuis l'importation de la lithographie en France, on a tenté un grand nombre d'essais. Des presses de différents modèles ont été inventées, essayées, rejetées, et, finalement, celles en grand nombre que nous voyons manœuvrer ici, à côté des presses typographiques, dans cette immense galerie des machines que nous n'avons fait qu'entrevoir, quoique différant entre elles d'aspect et de grandeur, paraissent avoir résolu le problème cherché : une exécution irréprochable et une grande accélération dans la vitesse obtenue.

La presse à levier est la première qui ait été mise en usage à Paris. Les innovations successives introduites dans sa construction n'ont porté que sur le format, sur la puissance du foulage et la régularité de l'impression. Le moulinet a remplacé le levier dans les presses d'un

format moyen; son avantage sur le levier consiste dans la faculté d'augmenter ou de ralentir la vitesse, suivant le genre de dessin soumis à son action.

Mais le besoin de maintenir la lithographie au niveau de l'imprimerie, son application à des travaux mixtes dont nous allons parler tout à l'heure, ont conduit les mécaniciens à imaginer des instruments de production perfectionnés. Ils ont trouvé la presse à engrenage, sur laquelle le foulage s'opère au moyen d'un cylindre, et non plus avec un râteau, comme dans les autres presses, et qui rend possible, sans grande fatigue pour l'ouvrier, le tirage des plus grands formats connus.

Après de longs tâtonnements, on est parvenu à appliquer la vapeur à la lithographie, et à construire pour elle des machines semblables à celles dont on se sert pour l'imprimerie typographique.

Pour mener à bonne fin l'impression d'une pierre dessinée au crayon ou à la plume, il faut d'abord qu'elle soit acidulée et gommée, après quoi, on porte la pierre sur le chariot de la presse, où on la fixe solidement. On détermine la longueur de la course que le chariot doit parcourir, afin que le râteau puisse passer sur toute la surface du dessin. On ajuste le râteau, puis on place le châssis suivant le format. Ce châssis, qui est recouvert de cuir, s'interpose entre le papier et le râteau, et protége le dessin contre une pression exagérée, en assurant la régularité du foulage.

Toutes ces opérations préliminaires accomplies, l'ouvrier prépare son encre, en la mélangeant, à l'aide d'un couteau à broyer, avec une certaine quantité de vernis, pour augmenter son attraction avec le crayon; puis il l'étend sur un rouleau, et la distribue sur la palette au noir, de la même manière que pour l'impression ordinaire. Il dissout ensuite la gomme dont la pierre dessinée est recouverte, en se servant d'une éponge fine, et il répand de l'essence de térébenthine sur le dessin mouillé. Cette dernière opération enlève tout le crayon, et ne laisse à la pierre que des traces graisseuses peu apparentes.

Il saisit alors le rouleau, le passe lentement et également dans tous les sens sur le dessin, qui reparait peu à

peu; il fait ensuite l'épreuve, et l'examine soigneusement pour reconnaître ce qui lui manque, tant en vigueur qu'en pureté. Il charge le dessin autant de fois que cela est nécessaire pour obtenir l'harmonie du dessin, suivant l'intention de l'artiste. S'il s'agit d'un paysage, il force les premiers plans, afin de rendre l'effet de perspective et de donner au ciel sa transparence; au contraire, il épure les blancs réservés pour les effets de la lumière ou de l'eau ; enfin il doit faire ressortir avec intelligence les oppositions, les transitions et l'harmonie naturelle.

Pour le portrait, la tâche de l'imprimeur est encore plus difficile ; elle exige plus de soins et de précautions : il faut éviter la lourdeur des ombres ou l'effacement des demi-teintes et s'attacher à conserver au dessin sa pureté et le point blanc de la pierre, donner aux vêtements le ton, la couleur ou la transparence qui leur convient ; rendre la vivacité des yeux et le ton des cheveux, suivant leur couleur.

Le résultat cherché doit être obtenu dès la troisième épreuve. Le tirage d'essai terminé, on charge encore la pierre d'encre d'impression ; on la couvre de gomme dissoute dans de l'eau, et on la laisse ainsi pendant vingt-quatre heures ; après, quoi le tirage peut être continué.

Pour le dessin à la plume et les écritures, on procède de la même manière, à quelques légères différences près, que la pratique fait bien vite connaître.

Remarquez, Mesdames, qu'à chaque feuille qu'imprime l'ouvrier, il mouille sa pierre avec une éponge imbibée d'eau distillée. Cette obligation du mouillage semblait un obstacle invincible à l'application de la vapeur à l'impression lithographique. Si nous ajoutons que l'encrage que nous venons de décrire pour la mise en train est une opération des plus délicates, qui exige des soins intelligents, nous arriverons à cette conclusion, que rien n'est impossible au génie de l'homme. En effet, après avoir inventé une presse où le chariot seul et les rouleaux distributeurs étaient mus par la vapeur, laissant ainsi à l'ouvrier l'obligation de rétablir l'encrage et de mouiller la pierre, on a inventé une nouvelle presse où toutes les opérations du tirage sont confiées à la mécanique. Vous pouvez vous assurer que le mouillage lui-même n'est plus fait par la main de l'homme.

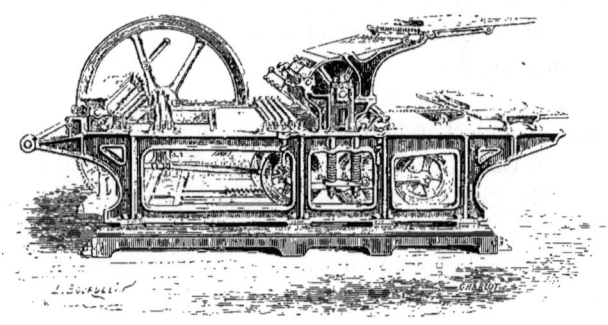

Cette machine rend de très-grands services pour les travaux ordinaires, tels que livres de commerce, factures, cartes, etc., dont l'encrage n'exige pas un soin particulier. La lithographie n'a donc plus rien à envier à la typographie.

La découverte de la lithographie a donné naissance à une invention qu'on a appelée *lithotypographie*. Comme l'indique son nom, ce procédé est l'alliance de l'imprimerie en lettres et de la lithographie. Senefelder avait pressenti le parti qu'on en pouvait tirer, et il en a donné une description technique dans le *Traité* qu'il a publié en 1819.

Cependant ce n'est que depuis quelques années que la lithotypographie est entrée dans la pratique, et qu'on a commencé à en faire usage d'une manière générale. On l'a appliquée d'abord à la reproduction des livres rares et des anciennes estampes.

On décalque sur pierre, au moyen d'une préparation chimique, les pages ou les gravures dont on veut obtenir de nouvelles épreuves, et on fait le tirage, comme pour les dessins exécutés sur la pierre même. On peut ainsi compléter à peu de frais les éditions imparfaites.

Mais le grand avantage de ce procédé pour le commerce, c'est l'économie qui en résulte dans l'impression des tableaux, cadres et registres, qui exigent des *filets* nombreux et des opérations compliquées nécessitant l'emploi d'un matériel coûteux. On compose typographiquement les têtes et les textes de ces modèles; on les reporte sur la pierre; puis on complète leur composition et on fait le tirage en lithographie.

Au nombre des avantages de la lithotypographie nous remarquerons les suivants : absence de foulage, et, conséquemment, économie de satinage, facilité de combiner, par les transports, des vignettes et dessins lithographiques, ce qui permet d'obtenir toute espèce d'ornementation, en modifiant les épreuves de report, en supprimant tel ou tel détail, en mariant tels ou tels motifs, etc.

Nous avons vu, en observant l'impression typographique, que l'ornementation en couleur était contemporaine de l'invention même de l'imprimerie. Ce procédé, appliqué à la lithographie, était à peine connu il y a quelques années. Sous le nom de *chromolithographie* il a pris aujourd'hui un grand développement, et des ateliers spéciaux se sont formés pour son exploitation.

De même que pour les dessins ordinaires il faut faire une esquisse ou un croquis, pour la chromolithographie, il faut, avant de commencer le travail sur la pierre, exécuter une aquarelle du modèle qu'on veut reproduire.

L'art du dessinateur chromographe ne se borne pas à l'exécution matérielle, il s'étend encore à la connaissance des effets que doit produire l'impression par les superpositions de couleurs et leur combinaison entre elles. C'est là le point de départ d'où dépend la réussite de son travail. Lorsqu'il s'est bien fixé sur le nombre et la nature des couleurs qu'il emploiera d'après l'aquarelle, l'artiste exécute son dessin complet, puis en tire un nombre d'épreuves égal au nombre des couleurs. Ces épreuves sont immédiatement décalquées sur autant de pierres, et, après avoir subi la préparation ordinaire, livrées au tirage.

La principale difficulté de ce genre d'impression consiste dans l'ordre des tirages, ordre qui n'est pas indifférent pour la conservation de l'harmonie des couleurs, et dans le calcul des repères nécessaires pour qu'une couleur ne prenne pas la place d'une autre ou n'empiète pas sur sa voisine. Tel modèle, bien conçu, bien dessiné, ne sera qu'une image informe entre les mains d'un ouvrier ignorant ; au contraire, il produira tout son effet s'il est confié à un imprimeur intelligent, habile, qui, s'appropriant la pensée de l'artiste, la complète par les soins qu'il apporte à la préparation des couleurs, à la fusion des tons et des nuances, conditions indispensables au succès de toute œuvre d'art.

Nous compléterons cette étude de la lithographie en disant deux mots d'une autre invention qui s'y rattache : l'*autographie*. Les procédés autographiques diffèrent de ceux de la lithographie proprement dite, en ce que, pour les mettre en œuvre, on n'a plus besoin de s'exercer à écrire à rebours. Ils sont devenus d'un usage presque général pour les imprimés d'un tirage restreint, employés par les administrations publiques, par les commerçants, les écoles savantes, etc. Sans avoir la prétention de lutter avec la lithographie pour l'élégance et la netteté des traits, elle l'emporte cependant sur elle par la régularité soutenue de son caractère, par la promptitude de son exécution, et surtout par une grande économie dans les prix de revient.

Ce mode de reproduction se résume à ceci : écrire ou dessiner avec une encre particulière sur un papier préparé, décalquer sur pierre, et enfin procéder au tirage lithographique.

On prépare le papier en l'imprégnant d'une mixtion dont la base est l'amidon et la gomme adragant; on le recouvre de sandaraque au moment de s'en servir. L'encre est, à peu de différence près, la même que celle qu'on emploie pour l'écriture sur pierre. Tous les soins de sa manipulation doivent tendre à empêcher une fluidité trop considérable, qui la ferait s'infiltrer dans la colle du papier et nuirait au décalque.

Le décalque opéré, on tire comme à l'ordinaire.

J'ai achevé, Mesdames, la démonstration que j'avais entreprise, un peu témérairement peut-être. J'ai essayé d'être clair, sans descendre dans des détails puérils qui n'intéressent que les gens du métier. Je serais heureux si j'y avais réussi. Tous ces travaux différents que je vous ai montrés ont un but commun : tous ils concourent à la diffusion des lumières, car c'est l'Imprimerie qui révèle et développe les bons instincts que Dieu a mis au cœur de l'homme ; c'est elle qui provoque les inventions de la science et les porte à la connaissance de tous ; c'est elle qui vulgarise l'art et inspire le goût des plaisirs délicats qui élèvent l'âme et maintiennent la supériorité de l'intelligence sur la matière. Si, par impossible, l'imprimerie disparaissait, le monde retomberait dans la barbarie ; l'ignorance, la superstition et la misère renaîtraient. Nous nous retrouverions tout d'un coup en plein moyen âge, et il faudrait recommencer l'œuvre glorieuse des siècles écoulés.

— Recevez tous nos remerciments, Monsieur, dit une des dames, et veuillez, je vous prie, en reporter l'expression au digne chef de ce magnifique établissement.

Mais permettez-moi une observation, ou plutôt une réclamation. Si notre désir de savoir a été pleinement satisfait par le spectacle saisissant auquel vous nous avez fait assister, il est cependant un point que vous n'avez touché que très-indirectement et qui excite vivement notre curiosité.....

— Vous voulez parler du papier?

— Justement!

— Je n'aurais eu garde d'oublier cet élément indispensable de nos travaux, Mesdames, et je vais y arriver. Quelques instants nous séparent encore de l'ouverture de la séance à laquelle vous êtes conviées. Pour nous rendre aux places que je vous ai fait préparer, nous allons passer par le magasin à papier; et, tout en assistant au défilé du cortége dont la fanfare annonce déjà la formation, nous en profiterons pour dire quelques mots du papier, de son origine, et des procédés qui ont été employés à sa fabrication depuis son invention jusqu'à nos jours.

LE PAPIER.

Voici le moment où va commencer la séance. Approchons de ce bâtiment, qui ressemble à une gare de chemin de fer. Les quelques moments qui nous restent encore sont suffisants pour jeter un coup d'œil sur les magasins qui servent de dépôt aux livres imprimés et aux papiers blancs.

Ici, à gauche, sont placés les ballots renfermant les feuilles sorties du tirage et qui se trouvent assemblées par ordre de pagination, jusqu'au moment où elles seront réclamées par le relieur ou par l'atelier de brochure.

Plus loin, à droite, ces colonnes, qui s'élèvent comme les piliers d'une cathédrale, sont formées de ce qu'on appelle le papier blanc, tel qu'il sort des usines où il a été fabriqué. C'est ici que, chaque soir, la distribution en est faite aux machines, à raison de trois à quatre cents rames par jour. Chaque rame étant composée de cinq cents feuilles, cette distribution quotidienne forme un total d'environ vingt mille exemplaires de feuilles isolées.

Vous est-il jamais arrivé, Mesdames, en ouvrant un de ces *papiers* satinés qui vous apportent les confidences de vos amies, de vous demander d'où venait ce discret dépositaire de vos sentiments les plus intimes?

Vous est-il jamais arrivé, en dévorant les pages éloquentes qui, tour à tour, charment votre esprit ou émeuvent votre cœur, de vous reporter, par la pensée, à l'origine de ce compagnon fidèle qui attend, pour prendre la parole, que vous l'interrogiez; qui, suivant votre désir, vous prodigue les enseignements de l'histoire ou remplit votre âme des enchantements de la poésie?

Non, n'est-ce pas? Insoucieuses des causes de vos jouissances ou de vos plaisirs, vous vous contentez de les savourer, de même qu'au contact d'une fleur, vous vous enivrez de son parfum, sans vous inquiéter de savoir comment il s'en exhale!

Et pourtant, quelle histoire fut jamais plus étonnante que celle de cet agent de la civilisation par excellence qu'on appelle le papier? N'est-ce pas lui qui a aidé à la transformation de la société, qui a conservé les trésors du génie et fécondé les champs de l'intelligence universelle?

Quand la nuit étend sur la ville déserte son voile épais, que perce à peine la lueur tremblotante du gaz municipal; à l'heure où tous les salons, étincelants de lumière, laissent échapper jusqu'au dehors des bouffées d'harmonie, et que les femmes, ruisselantes de fleurs et de diamants, épandent autour d'elles les parfums et les sourires, — des hommes déguenillés, Diogènes nocturnes, explorent des choses sans nom, dont l'aspect repoussant n'a jamais offensé votre regard.

Eh bien, c'est en partie de ces tas immondes amoncelés au coin des rues qu'est tirée la matière première du papier, le *chiffon*.

— Est-ce possible?

— Oui, Madame, ce haillon de toile de lin ou de chanvre ramassé dans la fange devient livre ou journal, transforme la société tout entière, ses mœurs, son esprit, sa conscience, ses lois; rend à la lumière et à la justice les droits du genre humain, élève la raison publique jusqu'au niveau de la liberté, donne de la splendeur, de l'éloquence et de la poésie à l'histoire, multiplie les principes et les instruments de travail, fait la guerre sans verser de sang, gagne des batailles sans combattre; élargit, non les frontières, mais les horizons; crée après Dieu, renouvelle le monde, et le gouverne par la philosophie, tout en le moralisant et l'améliorant par l'éducation et par les idées.

Le papier n'a pas toujours été fabriqué avec du chiffon de toile ou de coton : bien des recherches ont été faites, bien des essais tentés, dans le but d'arriver au degré de perfection que la fabrication atteint aujourd'hui.

On employa d'abord à la confection du papier une pellicule blanche qui se trouve entre l'écorce et le bois de quelques arbres, notamment du tilleul, de l'acacia, du hêtre et de l'orme. On écrivait sur cette pellicule, que les latins appelaient *liber;* d'où vient le nom de *livre,* donné à toutes sortes d'écrits, quel que fût le nombre de feuillets dont ils étaient composés.

Le *papyrus* fut longtemps la principale matière employée à la confection des livres.

Le papyrus est une espèce de canne ou de roseau, de la famille des cypéracées, qui naît dans les marais d'Égypte, dans les eaux dormantes du Nil. Le chaume de cette plante est triangulaire et se termine par une ombelle à rayons filiformes. C'est avec les couches ou enveloppes intérieures de la tige qu'on fabriquait le papier d'Égypte, si célèbre chez les anciens.

Pour en faire du papier on commençait par retrancher les deux extrémités; on séparait ensuite les différentes enveloppes ou lames.

Après avoir étendu ces feuilles, on les baignait d'eau trouble du Nil, laquelle tenait lieu de colle; puis on posait une seconde feuille à contre-sens sur la première. On supperposait ainsi plusieurs feuilles l'une sur l'autre, lesquelles séchées, pressées, battues, formaient le papier.

L'usage du papyrus remonte à une haute antiquité : On s'en servait antérieurement au règne d'Alexandre le Grand. On connaissait plusieurs sortes de *papyrus :* l'*hiératique* ou sacré, réservé pour les livres qui traitent du culte; le *livien*, auquel Livie, femme d'Auguste, donna son nom; l'*emporitique* ou papier du commerce; le *fanniaque*, l'*amphitriotique* et le *saïtique*.

Les rois d'Égypte ayant défendu le transport du papyrus hors de leurs États, on fut obligé de recourir, pour écrire, aux peaux d'animaux, et on inventa le *parchemin* ou *vélin*. Les érudits distinguent le parchemin du vélin en ce que le premier servait à l'expédition des documents qui se rapportaient à la science de la diplomatique, tandis que le second était employé à la copie des écrits ordinaires. Le parchemin se fabriquait avec la peau de mouton ou de chèvre polie à la pierre ponce; le vélin, fait d'une peau de veau mort-né, était beaucoup plus fin, plus blanc, plus uni que le parchemin. En France, l'usage habituel du parchemin dura longtemps.

Le papier de coton, qui était connu de temps immémorial en Chine et au Japon, fut introduit en Europe par les Arabes en l'an 1000 de l'ère chrétienne. Il était formé du duvet du cotonnier réduit en pâte et égoutté sur des châssis. Ce ne fut que plus tard qu'on eut l'idée de faire servir à la fabrication du papier le chiffon de linge.

Le papier de Chine a été inventé deux siècles environ avant Jésus-Christ; mais ce ne fut que vers l'an 95 de notre ère qu'il se perfectionna, et que le papier chinois acquit des qualités supérieures.

Telles sont les diverses espèces de papier qui ont précédé le papier européen, appelé *papier de chiffe,* parce qu'il est fait avec du vieux linge.

On ne peut guère déterminer le lieu et l'époque où ce papier fut inventé. On en rapporte généralement l'origine à la fin du onzième siècle. Pierre le Vénérable, abbé de Cluny, qui publia en 1120 un Traité contre les Juifs, affirme que le papier de linge existait de son temps, et qu'on s'en servait concurremment avec le parchemin et le papyrus.

Dès son apparition en France, le papier fut affranchi de toute contribution : à plusieurs reprises cependant, notamment sous Charles IX, Henri II et Louis XIV, on essaya d'établir des taxes sur le papier. Mais, sur les réclamations de l'Université, des libraires, des imprimeurs et des écoliers, ces taxes furent transformées en indemnités au profit de l'Imprimerie royale, et enfin supprimées.

Les papiers se divisent en formats divers qui tous ont un nom particulier. Le plus petit est le *pot;* puis viennent la *tellière*, la *couronne*, l'*écu*, le *cavalier*, le *grand-raisin*, le *jésus*, le *colombier*, le *grand-aigle*, et enfin le *grand-monde*. Il existe aussi une espèce de *carré* collé qu'on appelle *coquille*, destiné à certaines impressions de luxe et à la fabrication des fleurs, et dont la division fournit le papier à lettres connu sous le nom de *poulet*.

Le papier dit *à la main* se fabrique ainsi : on fait subir un triage préalable au chiffon, qui est classé par séries, suivant la destination qu'on veut lui donner ; puis il est dégraissé et lessivé. On procède ensuite à l'*effilochage*, opération qui consiste à diviser les chiffons en parcelles si minces qu'ils ne forment plus qu'une sorte de pâte. Ce résultat s'obtient à l'aide d'un moulin à maillets, qui triture et broie le chiffon. Ce travail, très-lent, est abandonné presque partout. Dans beaucoup de fabriques, on lui a substitué un *pilage* au moyen de cylindres tournant dans une caisse, armés de lames entre-croisées, qui déchirent en mille brins le chiffon soumis à leur action ; on blanchit ensuite la pâte en la plaçant dans un réservoir fermé, où on la couvre de chlorure de chaux. La pâte, réduite en bouillie très-claire, est conduite dans une grande cuve chauffée au charbon de bois, où l'ouvrier puise à la surface la matière nécessaire à la confection de chaque feuille.

Pour cela, il présente dans la cuve un châssis métallique appelé *forme*, sur lequel s'applique une mince couche de bouillie ; il agite la forme des deux mains pour que la pâte se répartisse bien également sur la toile. La feuille ne peut donc avoir qu'une largeur et une longueur déterminées par le cadre. Lorsqu'elle est égouttée, la feuille est placée entre deux feutres et soumise à plusieurs pressions énergiques, après quoi le papier est étendu, séché, trié, disposé en rames de cinq cents feuilles et livré au commerce.

Quand le papier doit servir à des impressions d'états ou de registres, il reçoit une autre préparation qui s'appelle le *collage*. Ce collage a lieu en plongeant les paquets de feuilles sortant du séchoir dans un bain tiède qui contient de l'alun et de la gélatine. Le papier est ensuite séché de nouveau, façonné et compté par main ou cahier, suivant qu'il est destiné au commerce de la papeterie ou qu'il doit être livré à l'impression.

Dans le papier fait à la forme il existe des traces de tringlettes nommées *vergeures* et *pontuseaux*, formant plusieurs compartiments; on nomme le papier ainsi fabriqué *papier vergé*.

Le *papier vélin*, c'est-à-dire imitant le parchemin, est fait sur une forme beaucoup plus fine, d'une seule pièce, et ne laisse voir aucune vergeure.

L'invention du papier continu est due à un simple ouvrier, Louis-Robert, contre-maître de la papeterie d'Essonne, qui la trouva en 1799. Elle ne fut introduite et mise en pratique en France que vers 1816, par Didot-Saint-Léger. Deux cent cinquante machines fonctionnent aujourd'hui en France, et consomment annuellement quatre-vingts millions de kilogrammes de chiffons.

Les documents officiels constatent que la France et l'Angleterre emploient à elles seules autant de pâte de papier que tous les autres pays d'Europe réunis.

Les opérations que je viens de décrire, à propos du papier à la main, s'accomplissent mécaniquement dans la fabrication dont nous nous occupons.

En premier lieu, les chiffons sont livrés aux *délisseuses,* qui font le choix ; ils passent ensuite sous les ciseaux des *grilleuses,* chargées d'enlever les ourlets, les boutons et les agrafes, et tombent dans le *diable* qui, dans sa rapide évolution, enlève la première couche de poussière ; puis on les *effiloque* en les faisant passer sous un rouleau mobile et un billot immobile, armés de lames d'acier. Pendant l'*effilochage,* on conduit un filet d'eau à travers la matière pour faciliter la trituration, puis on la jette dans une cuve remplie d'eau froide, où une colonne de vapeur la foule et la délivre des corps étrangers.

Le blanchiment s'opère en mêlant à la pâte du chlorure de chaux ; une heure suffit pour cette opération. On procède alors à l'encollage. Il y a deux manières de coller le papier, à la colle végétale et à la colle animale ; le collage végétal, quoique moins solide, doit être préféré pour les papiers de luxe.

Quand la pâte est bien faite, sans flocons ni grumeaux, blanchie et collée, on la fait parvenir dans une cuve où aboutissent des tuyaux de cuivre chauffés par la vapeur. Constamment agitée par un moteur mécanique, la pâte, très-liquide, s'échappe de la cuve par une vanne dont le mouvement se règle à volonté. Elle passe dans une caisse munie d'un *agitateur* et d'un *épurateur,* puis elle arrive sur une toile métallique sans fin. Cette toile est pourvue d'un mouvement de va-et-vient horizontal, qui imite la secousse des bras de l'ouvrier, et étend la pâte. Le papier, à cet état rudimentaire, est entraîné sous un cylindre garni d'un feutre ; il passe de là sur un drap qui le conduit sous des rouleaux de fonte et de cuivre chauffés à la vapeur, qui le pressent, le foulent, le tendent, lui font acquérir la consistance convenable, effacent les traces des fils de la toile métallique, le sèchent et l'enroulent sur un *dévidoir.*

En résumé, c'est un ruisseau pâteux qui sort d'une cuve, se solidifie en passant sur une suite de machines, et ressort en beau papier, qui se régularise de lui-même dans le sens de la longueur, et qu'on n'a plus qu'à diviser par feuilles.

Le papier, ainsi fabriqué, est transporté dans la salle d'apprêt, où l'on procède à sa *toilette.*

On reconnaît les bonnes qualités du papier d'impression, quand la pâte est pure, bien broyée, également étendue dans la feuille, sans plis ni rides, sans paille ni rouille. Le degré de colle se connaît au froissement ; à l'odeur, on distingue si la pâte a été triturée ou pilée; au blanc, on sait s'il est naturel ou blanchi à l'acide muriatique.

C'est grâce à l'invention du papier mécanique que

purent être créées ces innombrables feuilles publiques qui, chaque jour, traitent les grandes questions politiques, économiques et littéraires, qui intéressent le monde à un si haut degré.

Mais comme toute chose, quelque heureuse qu'elle soit, a toujours un côté fâcheux, cette fécondité dans la création des journaux a amené une pénurie de matière première dont les fabricants se préoccupent non sans raison, et qui ne tardera pas, si on ne parvient à la conjurer, à être la cause d'une hausse considérable dans le prix des papiers. Ajoutons que la qualité des chiffons devient de jour en jour moins propre à de grands ouvrages typographiques.

C'est que l'industrie des papiers n'a point, à vrai dire, de matière première, produite en vue de son alimentation. Ceci n'est pas nouveau, et, depuis longtemps, les savants se sont ingéniés à substituer aux chiffons, ou tout au moins à leur adjoindre des racines fibreuses de plantes pivotantes, telles que le trèfle, la luzerne, etc. Ils sont même parvenus à décomposer le bois par des agents chimiques. Un instituteur a trouvé un procédé plus simple : il prend un tronc d'arbre, il le précipite dans un bain de sa composition ; quelques heures après, les fibres de l'arbre sont entièrement désagrégées et forment une pâte très-blanche, qui, convertie en beau papier, reçoit très-bien l'impression.

D'autres essais, qui paraissent avoir réussi, ont eu lieu dans une grande fabrique des environs de Paris, dans le but de transformer le sparte brut d'Algérie en pâte à papier. Je ne crois pas qu'il ait été jusqu'ici donné suite à ces essais.

Tout cela est bien. Sans doute, il est beau de voir la science venir au secours de l'industrie, et sauver le travail national de la ruine qui le menace ; mais que direz-vous de l'ingéniosité des industriels anglais, qui ont certainement imaginé un moyen de suppléer à la disette des matières premières, qui laisse bien en arrière les tentatives des plus hardis novateurs? Ils ont proposé au pacha d'Égypte de lui acheter, pour en faire de la pâte, les bandelettes de toutes les momies que renferment les sarcophages de ce pays! D'après les calculs de ces spéculateurs, les tombeaux égyptiens contiennent au moins vingt millions de quintaux métriques de tissus!

Autrefois, les papiers de couleur étaient simplement des papiers teints ; ils avaient donc le grand inconvénient de nécessiter une main-d'œuvre supplémentaire, ce qui en augmentait singulièrement le prix ; de plus, ils se déteignaient facilement, et il était tout à fait impossible d'obtenir une couleur uniforme.

Aujourd'hui, on teint la pâte en y ajoutant des substances colorantes, ce qui permet de livrer des papiers de toutes qualités et de tous formats, depuis le papier commun pour affiches jusqu'aux magnifiques *coquilles* glacées pour fleurs, employées aussi à l'impression des couvertures.

Je puis vous montrer ici tous ces papiers, où vous retrouverez, avec toutes les nuances intermédiaires, les sept couleurs prismatiques, en même temps que je vous expliquerai comment elles sont obtenues.

Le *bleu* se subdivise en quatre nuances : le bleu de Prusse, le bleu au bois d'Inde, le cobalt, l'outremer ; — le *jaune,* depuis le citron jusqu'au bouton d'or, s'obtient à l'aide du chromate de plomb ; — le *jaune chamois* est dû à une solution du sulfate de fer saturée de cristaux de soude ; — le *rouge* et le *rose* sont produits par les bois de Sainte-Marie et de Fernambouc ; — le *vert* doit sa teinte à un mélange de bleu de Prusse verdâtre et de chromate de plomb jaune citron ; — le *violet* la doit à une forte teinture de bois de Campêche, dans laquelle on a dissous de l'alun ; — le *lilas* provient de la même teinture combinée avec le sel d'étain.

Le papier-monnaie est une invention chinoise qui date de l'an 1155 de notre ère, et est accréditée depuis longtemps en Europe.

Quand l'émission du papier-monnaie se borne à des billets de banque, à des actions sur l'État ou à des entreprises commerciales ; qu'elle repose sur un gage certain, et que la libre acceptation en est laissée à la confiance publique, ce papier est éminemment utile. Cependant, aujourd'hui surtout que le renouvellement des papiers représentant toutes sortes de valeurs est devenu si fréquent, on a dû rechercher des moyens de plus en plus économiques de fabrication, et trouver, pour les titres, des garanties en dehors de leur prix d'exécution. De grandes précautions doivent être prises contre les contrefacteurs, soit dans la fabrication même du papier, qu'on parsème de filigranes, de marques et d'ornements intérieurs, soit dans l'application de l'écriture, des vignettes et dessins, qui se fait avec une encre particulière et par des procédés spéciaux.

On s'est donc beaucoup occupé, depuis vingt ans, de la fabrication d'un *papier de sûreté*. Quoique l'Académie des sciences, dans un compte rendu du 15 septembre 1849, ait annoncé que le problème était résolu, il ne paraît pas, jusqu'à présent, que le procédé auquel elle a donné son approbation soit arrivé à l'état pratique.

Pour rendre infalsifiables les titres, actions et billets, les seuls moyens longtemps mis en usage sont le papier filigrané et les *fonds de hasard*, dus à la gravure sur planches d'acier et de cuivre.

Un autre procédé plus récent, plus sûr et bien plus prompt, est celui du fond lithographique. La pierre,

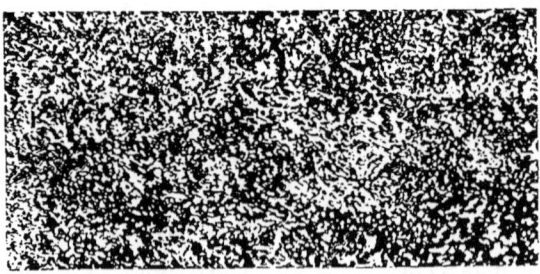

soumise à des agents chimiques, fournit un dessin

moiré, granité ou marbré, dû au hasard, et, conséquemment, inimitable. Les mots ou signes qui y sont tracés plus tard représentent les filigranes introduits dans le papier pendant la fabrication. On complète ce travail par un tirage en contre-impression qui reproduit sur le *verso,* en une couleur différente de celle du *recto,* tous les détails des traits, des caractères ou vignettes de l'action.

Depuis cette découverte, il a été trouvé d'autres *fonds de garantie.* Le premier consiste à tirer simplement sur un bloc de bois : les pores de cette substance

commune fournissent naturellement des dessins variés inimitables, tout en offrant la garantie la plus sérieuse contre toute espèce de falsification.

Un autre procédé a pour but d'imprimer sur le papier des dessins variés et inimitables, en couleur très-pâle, afin que l'on puisse y superposer des caractères d'imprimerie : ainsi, on fait graver sur bois de petits cubes représentant des ornements plus ou moins compliqués de diverses manières; on cliche ce dessin, et on le tire à la presse typographique.

Ces fonds peuvent être appliqués également avec une encre soluble à l'eau; le faussaire qui tenterait de laver le chiffre d'un mandat emporterait également le fond. Pour plus de sûreté, on ménage dans le fond nuancé des réserves qui laissent en blanc certains mots; puis, comme pour les fonds lithographiques, on imprime, en contre-partie, les dessins, caractères et vignettes d'une couleur différente, trait pour trait les uns sur les autres.

D'autres fois, on établit des encadrements ornés qu'on combine de diverses manières, en réservant au sommet, dans le bas et sur les côtés du cadre, des carrés longs dans lesquels on place un petit dessin suivant la nature du titre. On économise ainsi les neuf dixièmes du prix que coûtaient autrefois les cadres gravés sur acier, tout en conservant des garanties égales.

La fabrication du carton commun est analogue à celle du papier. Seulement, la pâte en est plus grossière, et l'on y emploie de vieux papiers, de vieilles toiles d'emballage, des chiffons de toute espèce, connus sous les noms de gros de Paris, gros de campagne, blanc sale ou blanc fin, de toile de fil, dite bulle ou gros bulle.

Les cartons fins, tels que ceux des cartes de visite et des cartes à jouer, sont faits avec plusieurs feuilles de papier collées les unes contre les autres et passées au laminoir.

En 1817, un Français, M. Mézières, inventa le *carton-pierre,* avec lequel on moule des figures, on fait des statues, des ornements sculptés pour la décoration des théâtres et des appartements. Dans ce carton, la pâte à papier est mélangée de colle-forte et de craie. On peut même mouler, avec cette pâte, en y introduisant des substances minérales et des corps bitumineux, des objets pouvant rester en plein air sans être détériorés, et servant à orner les terrasses et les balcons.

Mais voici que la salle conquise sur cet immense magasin, qui prolonge jusqu'aux combles son gigantesque amoncellement, se remplit, et que les ouvriers, les jeunes apprenties, les élèves de l'orphéon, musique et bannières en tête, se dirigent vers les places qui leur sont assignées. Entrons-y.

Et le jeune homme, offrant son bras à l'une des dames qui avaient bien voulu prêter une oreille complaisante à ses récits, pénétra à son tour dans la salle, et les conduisit aux fauteuils réservés pour elles au pied de l'estrade, occupée déjà par le chef de l'Imprimerie.

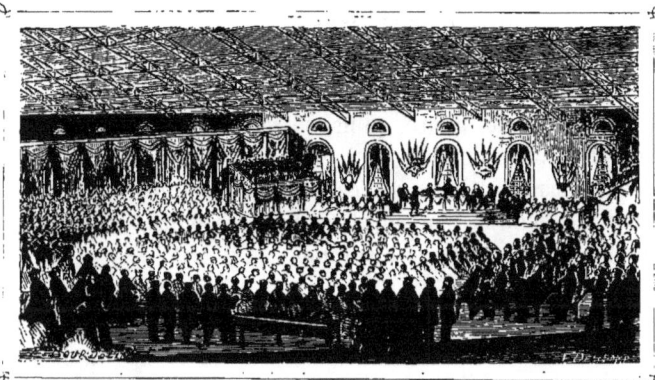

LA RÉUNION.

La salle où le jeune homme et le groupe de visiteuses qu'il accompagne viennent d'entrer présente un parallélogramme allongé. Ses voûtes élevées, ses nombreuses baies, où pénètre une lumière abondante adoucie par d'élégantes draperies, l'étendue considérable de sa surface, lui donnent un caractère véritablement imposant.

En face de l'estrade où siége le bureau, se dresse une presse avec tous ses accessoires; de chaque côté, des trophées composés des attributs de l'imprimerie, de la lithographie et de la reliure, décorent les murailles. Les noms des hommes qui ont illustré la typographie resplendissent de tous côtés, comme un hommage à la gloire qu'ils se sont acquise, et que complète celle du chef de l'établissement. Enfin, dans des tableaux sont exposées les œuvres remarquables produites par la maison et couronnées dans toutes les grandes exhibitions de l'Europe.

Autour du Directeur sont assis des délégués des actionnaires, des députés, des magistrats, et un grand nombre de notabilités du clergé, de la presse, de l'administration et du commerce.

Deux autres estrades, placées aux extrémités de la salle, sont destinées aux chanteurs et aux instrumentistes qui doivent remplir les intermèdes de la séance et en égayer la solennité.

L'affluence est considérable ; un compartiment réservé est occupé par un grand nombre de dames, dont les fraîches toilettes embellissent la réunion, et tranchent agréablement sur les habits noirs des hommes. L'aspect général présente à l'esprit l'idée de l'aisance et du bonheur dus au travail, et de l'harmonie qui préside aux rapports des ouvriers et de leurs chefs.

Soudain un bruit éclatant de fanfare retentit au dehors et se rapproche peu à peu. Les musiciens et les chanteurs font leur entrée, bannières en tête, et sont salués par les applaudissements de leurs camarades. Ils précèdent une gracieuse troupe de jeunes filles vêtues de blanc et décorées d'écharpes bleues. Le cortége se sépare, et les jeunes filles prennent place sur une estrade rapprochée du bureau.

Le chef de tous ces travailleurs réunis ouvre la séance et rend compte des opérations de l'année ; il énumère le nombre des feuilles de papier tirées, le chiffre des affaires, le bénéfice qu'elles ont produit. — Puis il résume les détails concernant les bâtiments d'exploitation, — les machines, — la composition, — la participation aux bénéfices, — le service médical, — la Société de secours, la caisse des retraites, — les maisons ouvrières, — les approvisionnements, — la bibliothèque, — l'école, — l'instruction religieuse, — l'ouvroir, — l'orphéon, — la fanfare, — et le service des pompiers.

Il aborde ensuite les questions économiques qui préoccupent aujourd'hui tous les esprits éclairés. Il explique et définit les différents genres de sociétés coopératives, celles de *crédit mutuel*, — de *consommation*, — de *production*, — et montre à ses auditeurs charmés que tous les avantages préconisés par les adeptes de la science sociale sont depuis longtemps acquis à ses ouvriers.

Un délégué des ouvriers prend la parole à son tour, et remercie en leur nom le patron généreux qui, devançant les idées de son siècle, a, le premier, mis en pratique les principes de fraternité que tant d'autres se contentaient d'affirmer bruyamment. Il touche également à la question sociale, et démontre, par quelques paroles sages, le danger de l'exagération dans l'application des doctrines séduisantes de la coopération.

Pendant que la séance se poursuit ainsi au milieu de l'enthousiasme général, le jeune homme qui s'en est constitué l'historiographe explique au groupe de dames au milieu desquelles il est assis les détails de la fête, qui paraît les intéresser vivement.

— La vue de toutes ces jeunes filles, dit-il, ne vous rappelle-t-elle pas, Mademoiselle, une solennité dans laquelle, il n'y a pas encore longtemps, vous remplissiez un rôle actif?

— Une distribution de prix?

— Précisément! Ces enfants que vous voyez là, Mademoiselle, vont en effet recevoir une récompense due à leur zèle et à leur assiduité. Ce sont les élèves compositrices. Ces prix qu'elles vont obtenir ont d'autant plus de valeur à leurs yeux qu'en attestant leur mérite, ils sont encore la preuve de leur empressement à acquérir l'instruction indispensable à l'exercice de l'art auquel elles se sont vouées. Aussi remarquez, Mesdames, comme les applaudissements de leurs compagnes moins heureuses saluent le nom de chacune d'elles, quand le vénérable pasteur de la commune pose la couronne sur leur jeune front, qui s'incline modestement devant lui!

Et maintenant que la voix stridente de la fanfare s'est éteinte, maintenant que l'orphéon a célébré les triomphes remportés, voici que le Directeur reprend la parole et proclame de nouveaux noms. Ces noms, ce sont ceux des ouvriers entrés pendant l'année dernière dans l'établissement, et qui vont recevoir une médaille. Cette médaille constitue leur titre d'initiation à l'association, dont tous ici nous faisons partie. A ces noms en succéderont d'autres plus nombreux. Ceux-là appartiennent aux *anciens,* à ceux qu'un plus long séjour dans la maison a élevés au rang d'associés, et qui, à ce titre, participent à ses bénéfices.

— Ce que vous nous dites là, Monsieur, reprend l'une des dames, excite au plus haut point notre intérêt, mais sollicite une explication. Qu'est-ce que cette médaille?... Dites-nous-en l'origine, je vous prie.

— Madame, l'explication que vous voulez bien me demander sera un peu longue... D'autre part, nous avons encore à voir les ateliers annexes, que je n'ai fait qu'indiquer dans ce rapide récit. Il me reste à vous faire connaître la constitution qui régit nos mille travailleurs, et les institutions philanthropiques qui la complètent. Il est bien tard, et je craindrais de fatiguer votre attention...

— Il ne vous est pas permis, Monsieur, après avoir ainsi éveillé notre curiosité, de ne pas la satisfaire, et je vous avertis que nous n'accepterons aucune excuse. Tout au plus vous accorderons-nous une trêve... Et dussions-nous exiger de votre obligeance le sacrifice d'une seconde journée, nous pousserons l'indiscrétion jusque-là.

— Qu'il soit fait ainsi que vous le désirez, Mesdames. Si vous le voulez bien, nous nous retrouverons ici dimanche prochain. Nous entreprendrons une nouvelle pérégrination, et nous étudierons l'ensemble de l'organisation de la maison et de tous les points traités dans le rapport dont vous avez entendu la lecture.

— Accepté !

— Et, tenez, pendant que je vous parle, voici que la cérémonie s'achève, et que le cortége que nous avons vu au commencement de la séance se reforme et se retire. La musique se fait entendre encore une fois, et la fanfare jette aux échos son chant d'adieu. Chacun, rendu à la liberté, va rejoindre sa famille. Et ce n'est pas ici le spectacle le moins frappant que la vue de tous ces visages riants où se reflète l'image de la félicité tranquille dont jouissent ces travailleurs, parce qu'ils savent que leur présent est assuré, et qu'ils sont sans appréhension pour l'avenir.

Le groupe se sépare alors, en se donnant rendez-vous pour le dimanche suivant.

DEUXIÈME PARTIE.

« La classe ouvrière est comme un peuple d'ilotes au milieu
« d'un peuple de sybarites ; il faut lui donner une place
« dans la société... Elle est sans organisation et sans lien,
« sans droits et sans avenir ; il faut lui donner des droits
« et un avenir, et la relever à ses propres yeux par l'as-
« sociation, l'éducation, la discipline. »

(L.-N. BONAPARTE. — *Extinction du paupérisme*.)

PARTICIPATION DANS LES BÉNÉFICES.

IDÈLES à leur engagement, les visiteuses se retrouvèrent le dimanche suivant dans le cabinet du chef de l'Imprimerie. Leur obligeant cicerone reprit en ces termes la conversation interrompue :

— La confection d'un livre exige, vous le savez, le concours de quatorze industries diverses; les institutions utiles, qui ont pour but le bien-être de nos travailleurs, s'élèvent ici à un nombre plus grand encore. C'est vous dire que notre séance sera longue; faites donc provision de patience.

— Notre attention, Monsieur, ne vous fera pas défaut, car elle est trop vivement excitée par le sujet même que vous allez traiter. L'esprit et le cœur des femmes ne sont jamais indifférents à un acte isolé de bienfaisance ; à plus forte raison les trouve-t-on sympathiques au récit du bien qui profite à un grand nombre et sert d'exemple à tous. Sans doute, celui que le sort a placé à la tête d'un établissement considérable, et qui a, en quelque sorte, charge d'âmes, remplit simplement son devoir en faisant le bien, mais tout devoir accompli mérite l'éloge.

— On a dit, avec raison, qu'en toute chose, l'important est de bien commencer. Ici, le proverbe est encore une fois justifié, car vous allez voir combien d'institutions fécondes dérivent toutes de l'application d'un principe premier, celui de l'*association!* mot magique et si doux au cœur.

L'association, en effet, c'est la vie, car l'existence isolée ne se comprend pas, et le mariage lui-même n'est qu'une association. Elle existe en nous-mêmes, puisque ce qui constitue la force, la santé, le courage, n'est autre chose que la providentielle association et l'emploi réglé de nos facultés, comme le démontre, dans la fable, la discussion des membres et de l'estomac. Mais, au-dessus de ce bien-être matériel vient se placer l'association des intérêts, des idées, des sentiments, véritable progrès social, qui, en donnant satisfaction aux aspirations élevées, doit un jour assurer le bonheur de l'humanité tout entière.

— Il est certain que l'association est un stimulant

pour l'ouvrier, qui, intéressé dans les bénéfices, et appelé à prendre part à la gestion des affaires, cesse en quelque sorte d'être ouvrier.

— Vous l'avez remarqué dans votre première visite des ateliers, lors de notre assemblée générale, nos ouvriers sont pleins de santé, et la satisfaction est peinte sur leur visage. Cette satisfaction, premier bien des classes laborieuses, et qui double leurs forces, nos ouvriers la doivent à l'agrément de leur séjour, à l'air pur qu'ils respirent, à la nature de leurs travaux, généralement peu pénibles, à l'aisance qui règne dans leur intérieur, au bonheur que le plus grand nombre éprouve à vivre en famille.

Placée aux portes de Paris, à proximité d'un chemin de fer, cette Imprimerie, qui occupe une superficie de plus de vingt mille mètres, est très-heureusement située. La Seine coule tout auprès; autour se déroulent des champs et des prairies, animés par de grands arbres et par de coquettes maisons. Au dedans circulent en abondance l'air et la lumière. Les constructions sont parfaitement appropriées : les salles sont vastes et les plafonds élevés ; les appareils les plus ingénieux y distribuent une chaleur toujours égale; partout règnent l'ordre et une extrême propreté. Les précautions les plus minutieuses sont prises pour prévenir les accidents. Les ouvriers sont logés, partie dans l'enceinte même de l'établissement, partie dans les maisons environnantes, ce qui leur épargne la fatigue des déplacements.

Grâce aux soins prévoyants de notre patron, le travail

est constamment assuré, ce qui est la condition première de la vie de l'atelier. Il n'y a rien de durable à fonder avec un personnel nouveau : on ne bâtit pas sur le sable. La pire condition pour l'ouvrier, c'est de n'avoir rien à faire et de ne pas savoir quand il travaillera ; son angoisse augmente encore lorsqu'il a une famille et des enfants. Ici, nulle préoccupation de cette nature. La journée commence à sept heures du matin, et se termine à six heures du soir. A onze heures, chaque famille se réunit pour aller prendre son repas en commun, et rentre à midi. Tandis que le père est à son bureau ou à sa presse, la femme est à la brochure et les enfants sont à la composition. Les salaires, aussi élevés que dans toute autre profession, répandent, en s'ajoutant l'un à l'autre, le bien-être dans le ménage. Résultat remarquable, surtout au point de vue de la moralité : plus la famille est nombreuse, plus elle est riche. Indépendamment des salaires, il est accordé des indemnités trimestrielles et des gratifications annuelles aux personnes qui ont fait preuve de zèle et d'intelligence, ou qui se sont distinguées par leur dévouement aux intérêts de la maison.

Si des travaux urgents réclament la présence des ouvriers dans la soirée, ils reviennent à l'atelier avec bonheur ; car non-seulement ils y sont appelés par la rémunération particulière attachée à ces heures supplémentaires, mais encore ils ont à cœur de concourir à la bonne réputation et à la prospérité d'une maison qu'ils considèrent, à bon droit, comme la leur. Nous voyons maintes fois, pour des travaux d'urgence, nos ouvriers veiller sans se plaindre plusieurs nuits de suite, en prenant à peine quelques moments de repos, sur un matelas placé dans l'atelier même.

Les travailleurs n'ont donc rien à envier ici aux établissements rivaux, en ce qui concerne la situation matérielle; mais notre Directeur ne s'en est pas tenu là : il les a intéressés dans ses bénéfices, en faisant concourir le capital *argent* avec le capital *travail*. Notre participation s'élève à dix pour cent. Voilà donc vingt années que nous nous trouvons jouir de l'association coopérative, avec cet immense avantage sur les sociétés composées du seul élément ouvrier, que les participants ne courent aucune chance de perte, et reçoivent toujours, quels que soient les résultats définitifs des affaires, le prix de leur travail journalier, largement rétribué.

On s'est fait des illusions sur le bien que doivent réaliser les sociétés de production. On a prétendu qu'elles renfermaient en elles toutes les solutions cherchées par ceux qui s'occupent de la question du travail. On leur a demandé le remède de tous les maux dont souffrent les travailleurs. On y a vu la fondation d'ateliers avec des capitaux réalisés par cotisation et non empruntés; la base d'une répartition plus équitable des bénéfices entre le capital et le travail; la proscription du salaire et l'indépendance absolue de l'ouvrier.

— Croyez-vous sincèrement que tous ces avantages soient réalisables? Ne préparent-ils pas au contraire de tristes déceptions? Il semble bien difficile de transformer tous les salariés en entrepreneurs et de convertir les ouvriers en patrons. Les sociétés de production ne supprimeraient pas d'ailleurs le salaire, alors même que tout le travail serait fait par des associés coopérateurs, puisque, du moment où elles remplaceront les patrons, il faudra qu'elles payent à chaque membre un salaire débattu et proportionnel au travail qu'il aura fourni.

— C'est aussi ma façon de voir. La coopération ne nous semble possible qu'à l'égard de certains travaux pour lesquels un faible capital suffit : par exemple, la transformation de matières premières en objets manufacturés de peu de valeur. L'absence de capital fera longtemps obstacle à la création, par les ouvriers, de grandes maisons, telles que des imprimeries, des filatures, qui exigent de grosses sommes, non-seulement pour le capital de premier établissement, mais encore pour le fonds de roulement, l'achat de machines, le loyer, etc. Le système de coopération qui nous parait préférable, jusqu'à expérience contraire, est celui de l'association entre patron et ouvriers, association fondée sur la participation de ces derniers aux bénéfices de l'entreprise avec des salaires déterminés, largement rémunérateurs et sans aucune chance de perte. C'est le système que nous avons adopté; c'est le seul, de l'avis des économistes les plus compétents, qui soit viable, au moins pour le moment.

C'est déjà pour l'ouvrier une grande conquête que cette part de dix pour cent qui lui est attribuée dans les bénéfices; mais le bienfait est en quelque sorte doublé par la manière dont on l'applique. En effet, s'appuyant sur ce principe que si les ouvriers sont inégaux en force, en intelligence, en activité, ils sont tous égaux en droits;

que si l'un produit plus et l'autre moins, selon l'âge, l'aptitude et le courage, on peut parfaitement supposer à tous le même zèle et le même dévouement, on a décidé que les sommes ainsi prélevées seraient réparties également entre tous les ayants droit.

— Permettez-moi de vous interrompre à ce mot de PARTAGE ÉGAL DANS LES BÉNÉFICES, et de m'étonner que vous fassiez l'éloge d'un système qui rappelle les plus mauvais jours de nos révolutions, et que vous le donniez comme un exemple à suivre.

— Mais, Madame...

— Comment ! continue l'impétueuse interlocutrice, vous voulez rendre égaux tous les salaires, et rétribuer l'incapacité au même taux que la capacité ? Vous ignorez donc que les soins, les nécessités de la vie diffèrent suivant les individus ? De même que sur un arbre on ne trouve pas deux feuilles qui se ressemblent, de même il n'y a pas d'habitudes uniformes. Tel mange peu parce qu'il a un mauvais estomac; tel autre, dont la constitution est robuste, a un appétit dévorant, et il lui faut double ration. Celui-ci est célibataire, il n'a ni parents ni charges; celui-là est marié, il a plusieurs enfants, un vieux père, ou une sœur infirme à soutenir : est-il juste que ce dernier, dont les besoins sont plus grands, partage également avec un camarade moins habile ou moins chargé de famille ?

— Vous avez cent fois raison, en blâmant un système d'égalité qui mènerait droit au communisme, et ferait le malheur de tous. Il résulte, en effet, de calculs authentiques que la masse de tous les produits en France, répartie entre trente-cinq millions d'hommes dans une égale proportion, donnerait soixante-dix-huit centimes à dépenser chaque jour. C'est là-dessus qu'il faudrait faire les économies qu'on réserve pour l'avenir : or, au prix où sont toutes les choses nécessaires à la vie, soixante-dix-huit centimes par jour peuvent-ils donner le bien-être? Évidemment, non. La part qu'aurait le pauvre le laisserait pauvre. Comme vous voyez, il n'y aurait que des pauvres de plus. Aussi n'est-ce point là ce que nous avons voulu faire : la répartition par égales parts s'applique, non aux *salaires,* mais aux *bénéfices* seuls. S'il est absurde de vouloir niveler le talent et le mérite des ouvriers, on peut très-bien supposer à tous la même ardeur, et un dévouement égal, produisant des résultats différents et proportionnés aux forces, à la capacité de chacun en particulier : la répartition égale des bénéfices, en parties égales, ayant pour but de récompenser le zèle que tous apportent au même degré, est dès lors essentiellement équitable.

L'échelle de l'intelligence et des capacités est graduée à l'infini. Le ciel ne distribue pas d'une manière uniforme ses dons et ses faveurs. Celui-ci naît faible, celui-là naît robuste; chez l'un l'esprit est naturellement très-développé et le rend capable d'exécuter, sans effort, les plus grandes choses; chez l'autre, tout est labeur pénible et difficultés. C'est là ce qui constitue la différence des salaires, et par suite des positions sociales et des fortunes. Mais la probité, le dévouement peuvent se rencontrer à un égal degré chez le faible comme chez le fort : or, comme les bénéfices nets d'une maison sont précisément le fruit du zèle de tous, il était juste que ces bénéfices fussent distribués par égales portions entre tous.

Prenez pour exemple ces petits bonshommes que vous avez vus à notre dernière réunion. Ce sont des apprentis; leur besogne, au début, consiste à porter les épreuves de l'Imprimerie au domicile de l'auteur. Eh bien, si cette épreuve est en retard, l'auteur se plaint, le tirage du livre est suspendu, les compositeurs sont forcés de se croiser les bras, et le travail s'arrête dans tout l'atelier. Alors que le zèle de cet enfant peut éviter tous ces inconvénients, était-il juste de lui refuser sa part égale dans les bénéfices? Vous ne le pensez pas. Tout se lie et s'enchaîne dans un établissement comme le nôtre; le moindre travail a son importance, et n'y peut être négligé sans compromettre à l'instant même les autres travaux. C'est la goutte d'huile dans la machine.

Enfin, Mesdames, ce système de répartition a été accueilli avec faveur par tous les ouvriers, ceux qui gagnent le plus ayant voulu montrer les sentiments de bienveillance et de fraternité qui les animent envers leurs camarades moins bien partagés en fait de salaire.

— Du moment où ce partage égal est la récompense du dévouement individuel, et qu'il ne constitue en aucune façon un précédent que des esprits faux ou égarés pourraient invoquer en faveur de doctrines subversives, il ne peut qu'être approuvé.

— Je suis bien heureux de vous avoir amenées à juger équitablement une innovation féconde en résultats, et qui trouvera un jour, j'en suis certain, de nombreux imitateurs.

Dans les industries où le travail est séparé du capital, on est toujours tenté de croire que chaque partie exagère ses droits et ses besoins. La bonne foi même n'est pas, à cet égard, une garantie suffisante, car il y a des préjugés d'éducation et de caste; il y a les conseils, les habitudes, l'intérêt personnel, mille autres mobiles tyranniques. A la concurrence du capital et du travail substituez leur alliance, et aussitôt cessent les préjugés d'état, les jalousies de classe; vous voyez les intérêts unis et confondus sous l'égide de l'association. Ces bons résultats seront plus frappants encore avec le mode de participation dans les bénéfices, nul autre n'offrant d'aussi équitables bases, au double point de vue des ouvriers et du chef d'établissement. Grâce à ce mode de partage, l'harmonie la plus complète s'établit entre les intérêts de l'entrepreneur et ceux de l'ouvrier. La liberté d'action du patron reste entière : il crée des entreprises ou y renonce; il élève ou abaisse les prix; il conserve sans limite ni contrôle cette dictature, qui lui est indispensable pour lutter avec succès contre les crises si fréquentes du commerce et les dangereux écueils de la concurrence; en un mot, sa situation reste absolument la même que s'il n'avait rien accordé. Je me trompe : sa situation est différente, car il a autour de lui, au lieu de mercenaires, des cœurs dévoués, associés à ses succès, prêts à redoubler d'efforts pour le seconder dans les cas d'urgence; des amis, enfin, qui partagent ses joies et ses peines, ses succès et ses déceptions.

— Dites encore que l'association les range, même sans qu'ils y songent, sous la bannière de l'ordre, car elle leur apprend que nulle société ne peut vivre et prospérer sans capitaux, sans autorité, sans la liberté absolue de chacun, c'est-à-dire sans l'ordre. Le jour où tous les ouvriers comprendront, comme les vôtres, qu'il est de leur intérêt que le crédit et le capital se multiplient, puisque leur augmentation appelle aussi celle du travail; le jour où, au lieu de jurer haine au capital, ils l'aideront fraternellement à s'accroître, ce jour-là, notre société sera appelée à jouir d'un bien-être inconnu jusqu'à présent : les patrons s'attacheront à multiplier les sources du travail, et les ouvriers, mieux payés, deviendront plus honnêtes, plus intelligents et plus forts.

— La situation de l'ouvrier, de son côté, n'est pas moins heureuse que celle du patron. Il n'est obligé à aucune avance d'argent; nul souci ne l'inquiète relativement aux nombreuses difficultés de la marche générale des affaires; il perçoit régulièrement son salaire journalier suivant son plus ou moins d'habileté, et cela, indépendamment des gratifications de fin d'année, s'il a rendu des services importants; puis, quand arrive le jour de l'inventaire, lorsqu'on a payé les intérêts des bailleurs de fonds, les salaires, qui sont l'intérêt de ce second capital qu'on appelle le travail; lorsque, enfin, sont couverts les frais généraux de toute nature, une part réservée sur le bénéfice net constitue en sa faveur une épargne pour ses vieux jours.

— Ces raisons sont sans réplique; je me tiens pour convertie, et je suis convaincue que, grâce à cette combinaison, il n'y a plus d'antagonisme possible entre les intérêts des classes laborieuses et ceux des classes qui possèdent les instruments de travail. A côté de cette belle maxime : *Aimons-nous les uns les autres,* on devrait inscrire sur la porte de votre Imprimerie cette autre maxime, non moins belle : *Travaillons les uns pour les autres.*

ASSEMBLÉES GÉNÉRALES.

Avant de vous faire connaître l'emploi des fonds provenant de la participation, je dois vous dire quelques mots sur nos *Assemblées générales*.

Le moyen le plus sûr de développer au cœur de l'ouvrier et du patron des sentiments d'affection réciproque, c'est de créer entre eux une mutuelle estime, et, pour cela, de multiplier les occasions qu'ils ont de se voir, de s'étudier, de se connaître.

Ce moyen n'a point échappé à l'organisateur de ce grand établissement.

Des assemblées générales ont lieu chaque année. Vous avez assisté, il y a quelques jours, à l'une d'elles, et vous avez pu juger des bons effets qu'elles doivent produire.

— Nous n'avons pas perdu le souvenir de cette assemblée de trois mille personnes, où chacun paraissait si heureux de se trouver. C'était une véritable fête de famille, où il nous a semblé voir un père entouré de ses enfants. Un tel spectacle réjouit le cœur et l'âme. Ces réunions doivent nécessairement resserrer les liens d'affection qui unissent tous ces travailleurs à leur chef, rendre ces liens plus apparents, plus intimes, et leur donner en quelque sorte une nouvelle énergie. Il est vraiment dommage qu'il n'y ait pas chaque année un plus grand nombre d'assemblées générales.

— Nous souhaiterions que cela pût être, car nous ne sommes pas de ceux qui croient qu'on doit attendre tout de l'État et tout lui demander. Du moment que l'État donne à l'industrie la paix, l'ordre, sans lesquels il n'y a pas de travail utile, c'est à l'industriel à faire le reste. On ne doit jamais oublier que dans toute société bien organisée chacun a son devoir à remplir, et que ce devoir est plus sévère à mesure que l'homme occupe un rang plus élevé. Sans doute le patron est supérieur à tout, il est le maître; mais par cela même il est tenu d'être plus juste que les autres, plus libéral dans ses concessions. Noblesse oblige, disaient nos pères; position oblige, doit-on dire aujourd'hui. Son premier soin doit donc être d'assurer de bons rapports entre lui et les agents qu'il emploie, et cela lui sera facile s'il leur concède une large part d'indépendance, en les mettant à même de faire entendre, à volonté, leurs observations, leurs vœux ou leurs plaintes. C'est le silence, c'est le semblant d'une persécution qui fait naître et grandir les mauvaises passions et leur donne toute leur force. Elles disparaissent dès qu'on peut les combattre à la lumière.

Indépendamment de l'assemblée générale, les ouvriers sont en communication journalière avec les chefs par leurs *délégués*.

Chacune des divisions de notre établissement est représentée par un des siens, nommé à l'élection, et qui prend le titre de délégué. Il y en a sept, correspondant aux ateliers principaux. Ils se réunissent fréquemment, président aux opérations de la caisse de secours, de la caisse de retraites, sanctionnent les mesures nouvelles qui leur sont soumises par le Directeur, proposent celles qu'ils croient utiles, et se constituent l'organe des vœux de leurs camarades pour toutes les demandes raisonnables qu'ils peuvent avoir à faire.

Persuadés qu'il n'y a aucun danger à laisser se produire toutes les théories, et que les erreurs ne résistent pas à la liberté de discussion, nous voulons ici cette liberté tout entière.

— Mais, Monsieur, c'est là un véritable Corps législatif, et encore pourrais-je ajouter qu'il a des attributions plus étendues que celui de la France ; car je ne crois pas que nos honorables députés jouissent, notamment, du droit d'initiative.

— Chut, Madame! Ne faisons pas de politique; il ne faut point oublier que nous sommes en pleine industrie.

Toujours est-il que ce rouage des délégués a rendu des services incontestables en prévenant les malentendus et en dissipant les erreurs que l'ouvrier est si souvent disposé à prendre pour des réalités. Plus de mécontentement, car il n'est pas une plainte qui ne soit examinée à l'instant où elle se produit, et à laquelle on ne puisse donner immédiatement satisfaction, si elle est juste, et répondre par des explications convenables, si elle ne l'est pas. Les idées préconçues s'évanouissent, les griefs et les prétentions s'effacent rapidement dans une discussion loyale, pacifique et dégagée de toute entrave. En outre, le Comité donne à chacun l'autorité morale à laquelle il a droit, et le place en quelque sorte dans une situation d'égalité vis-à-vis du patron. Un tel résultat exalte sa foi dans la justice, et cette foi élève ses sentiments et le rend heureux.

Le droit de réunion, sur lequel on a disputé si longtemps, a été conquis dans notre maison depuis le jour où des délégués peuvent s'assembler autant de fois qu'ils le désirent.

— Rien ne plaît tant à l'ouvrier que de faire ses affaires lui-même. Cette disposition me semble fort sage, et elle a dû nécessairement vous épargner ces mouvements d'effervescence qui ont troublé tant d'ateliers depuis quelques années.

— Jamais, en effet, il n'y a eu ici, et je me hâte de

le proclamer bien haut, à la gloire de nos camarades, de discussions pour des questions de salaire. Les premiers, il est vrai, nous avons accru le prix de main-d'œuvre. Les heures de travail sont fixées à dix, et constituent déjà un accroissement des salaires, ce qui permet à l'ouvrier de prendre du repos et de donner à sa famille les soins qu'elle réclame. Tout le temps de travail qui dépasse le chiffre réglementaire est payé en sus du salaire fixe, et cela, en outre des gratifications particulières pour des services exceptionnels.

Le salaire est le trait d'union entre le patron et l'ouvrier. Plus ce salaire est élevé et rémunérateur, plus l'ouvrier est intéressé et dévoué. Nous n'avons jamais oublié ici que le patron a des devoirs à remplir comme l'ouvrier, et que sa constante sollicitude doit être appliquée à augmenter le bien-être, la moralité, l'intelligence de ceux qu'il emploie. Nos ateliers étant fort nombreux, il nous a fallu édicter des règlements plus ou moins sévères, mais jamais cette sévérité n'a soulevé de réclamations. On a pu vouloir, dans d'autres siècles, poussé par un égoïsme aveugle et sordide, maintenir l'ouvrier dans l'ignorance, dans la misère, se réjouir même de son imprévoyance, de son inconduite, de ses vices, de ses malheurs; aujourd'hui, au contraire, le patron aime l'ouvrier, éloigne de lui avec soin les causes d'infortune, veille sur son éducation, et développe en lui, par le précepte et par l'exemple, les principes de dignité et de moralité.

Le maître et l'ouvrier ont des intérêts distincts, mais qui ne sauraient s'exclure : il faut qu'ils se considèrent comme des frères d'armes combattant ensemble dans cette lutte incessante et difficile de l'industrie. Nos ouvriers, d'ailleurs, tiennent autant et plus que nous à la bonne réputation de l'Imprimerie. Cette sollicitude, ce dévouement si peu ordinaires dans la plus grande partie des industries, vous le trouverez ici à chaque pas, et ce ne sera point un des côtés les moins intéressants de l'étude à laquelle vous voulez vous livrer aujourd'hui.

Le jour de l'assemblée générale, les ouvriers récemment entrés dans l'Imprimerie commencent à participer à l'association. Chacun de ces nouveaux travailleurs reçoit un jeton d'argent, qui est pour lui comme un gage d'alliance, d'union, et une sorte d'initiation à la grande famille qui vient de l'admettre dans son sein.

Ce jeton est d'une valeur de 5 francs, et peut être

échangé, pour ce prix, à la caisse de la Société; mais bien peu usent de cette faculté : presque tous le conservent précieusement. Quelques-uns, même, après avoir fixé cette médaille à un ruban, la placent à leur boutonnière comme une décoration et s'en parent dans les jours de réunion, où cette multitude de médailles, ornées de rubans tricolores, produit le plus gracieux effet.

— Je comprends le prix que l'ouvrier doit attacher à ce don, qui marque son entrée dans votre grande famille et rehausse, en quelque sorte, sa dignité. C'est une idée qui n'a été appliquée jusqu'ici, je crois, que dans un très-petit nombre d'établissements.

Il est certain que ces médailles données aux nouveaux arrivants, l'institution des délégués choisis par les ouvriers eux-mêmes pour statuer sur toutes les questions de salaire et de discipline, enfin ces assemblées générales annuelles doivent avoir pour résultat d'entretenir la bonne harmonie et de resserrer plus intimement encore les liens qui vous rattachent à votre patron.

— Cela est si vrai, Madame, que je pourrais vous citer une foule de témoignages d'attachement donnés par nos ouvriers. — Ainsi, en 1849, lorsque l'agitation était dans les rues, que des prédications insensées excitaient les ouvriers contre leurs patrons et faisaient déserter les ateliers, les nôtres, toujours calmes, se cotisaient pour offrir solennellement à leur patron un buste de Gutenberg d'après le modèle du célèbre David, d'Angers, avec cette inscription :

A M. Paul Dupont, ses ouvriers reconnaissants!

Le soir, ils se réunissaient dans un banquet fraternel, et exprimaient chaleureusement dans plusieurs discours

leur dévouement et l'affection qu'ils portaient à l'Imprimerie et à son chef.

CAISSE COMMUNE.

Il ne suffisait pas de décider que l'ouvrier participerait aux bénéfices, il fallait en déterminer l'emploi, car c'est là très-certainement le point de départ, la base fondamentale de tout ce qui a pu être fait de remarquable dans cet établissement. Mais ne perdez pas de vue, je vous prie, que ces bénéfices répartis en fin d'année ne préjudicient ni aux salaires journaliers, dont les droits ont été religieusement respectés, ni aux gratifications accordées pour des services exceptionnels, et dont le total dépasse annuellement trente mille francs; qu'enfin cette répartition ne constitue que ce qu'on pourrait appeler la part du cœur et de l'affection.

Alors que tout grandit autour de nous, que la vie devient de plus en plus difficile, chacun se sent envahi par le désir bien naturel de s'élever à une situation indépendante.

Dans les campagnes, ce désir se traduit, pour le cultivateur, par l'ambition d'acheter une parcelle de terre qui lui permette de nourrir sa famille sur le rendement de son propre fonds. Dans les villes, l'ouvrier est poussé par le même instinct d'affranchissement; il éprouve le besoin d'échapper à la situation précaire de salarié, en devenant, par son travail, producteur, entrepreneur, patron, capitaliste : ambition noble, légitime, et dont la réalisation ne deviendra possible que le jour où il aura un premier capital à sa disposition. C'est donc à former ce premier capital que tendent ses aspirations, et, gouvernement, industriels et patrons, doivent le soutenir dans cette voie. Inspirer à l'ouvrier la vertu de la prévoyance, après l'instruction qu'on lui donne, c'est lui rendre le plus grand des services; c'est le faire sortir de cette condition de prolétaire qui le rend nomade, peu économe, indifférent, imprévoyant; c'est l'attacher au sol et provoquer chez lui, et dans sa famille, l'ordre, l'économie, la persévérance dans le travail, qui est la base de tout bien-être : voie sainte qu'il ne quitte plus lorsqu'il y est entré.

Ici nous avons sans cesse, et avec une persévérance inébranlable, cherché à exciter en lui le sentiment puissant de *la propriété*.

Toutes les fois que la chose a été possible, nous en

avons fait un chef d'atelier, travaillant pour son compte. C'est ainsi que plusieurs des salles que vous avez visitées dimanche dernier : la fonderie, la reliure, etc., sont dirigées et conduites par les ouvriers mêmes, qui remplissent là un véritable rôle de patron.

Nous les avons admis à souscrire pour des actions et des obligations de la maison, en leur accordant termes et facilités pour le payement.

Nous leur avons ouvert sur nos livres un compte courant avec six pour cent d'intérêt sur les diverses sommes qu'ils voudraient y verser.

Enfin, pour les rendre nos associés, nous avons consenti en leur faveur un prélèvement de dix pour cent sur la capitalisation de ces mêmes bénéfices, et, par le fait, constitué en leur faveur une véritable caisse de crédit.

On ne saurait trop le dire et le rappeler : deux routes sont ouvertes à l'ouvrier pour marcher vers le but. L'une, bien connue, déjà suivie, c'est la voie des épargnes individuelles, qui permettent chaque jour à quelques-uns d'entreprendre pour leur compte un commerce, une industrie quelconque.

L'autre est celle des épargnes collectives, c'est-à-dire l'épargne individuelle s'unissant à d'autres épargnes analogues, afin de constituer un capital commun et d'agir de concert dans le cercle de telle ou telle fabrication. On s'entend, on s'unit, on s'associe en vue de se fortifier, de s'étendre et d'arriver plus sûrement à l'indépendance enviée. De même qu'en fait de voyages, il fallait le chemin de fer pour ouvrir carrière aux foules, de même, en fait d'industrie, il faut l'association pour ouvrir au grand nombre l'accès du capital et de l'indépendance.

— Cette dernière mesure, l'affectation de dix pour cent en faveur de vos ouvriers, est le couronnement heureux des autres avantages que cette maison modèle offre à ses collaborateurs. Mais une pensée préoccupe mon esprit. La part des bénéfices, par cela même qu'elle est répartie également entre un si grand nombre de travailleurs, ne finit-elle point par être presque insignifiante pour chacun d'eux?

— Ce résultat ne nous avait point échappé. Voici ce que nous avons fait pour y remédier.

Bien que la somme répartie se soit élevée, depuis neuf ans seulement, à plus de cent vingt mille francs, il est certain que, divisée en plusieurs centaines de parts, elle forme pour chacun, en définitive, une part très-peu importante, qui aurait promptement disparu sans laisser de trace, si elle avait été remise en argent au participant. Afin d'éviter ce danger et d'encourager en même temps un nouveau moyen d'économie, on inscrit la somme sur un livret, appelé *livret de participation*, qui reste aux mains de l'intéressé et constate sa propriété. Quant aux fonds, ils sont versés à un compte général ouvert dans les livres de la maison, sous le titre de *compte de participation des ouvriers*.

— C'est là, en effet, un excellent moyen de combattre ce double défaut qui fait la faiblesse des ouvriers : l'imprévoyance et la fréquentation du cabaret.

— Chacune de ces sommes, inscrite sur un livret, s'accroît en fin d'année : 1° de la nouvelle répartition, 2° des intérêts, 3° des versements particuliers que l'ouvrier aurait pu faire sur ses propres économies.

Le remboursement a lieu le jour de sa sortie de l'établissement ; jusque-là, le titulaire peut seulement faire une demande d'emprunt. Le livret constitue donc pour lui une valeur escomptable et un capital.

Le compte général de participation, qui est administré par les délégués, se solde en ce moment par un actif de quatre-vingt mille francs environ, lequel pourra s'accroître indéfiniment au fur et à mesure de l'extension des affaires qui, chaque année, prennent de plus en plus d'importance.

— Cela me semble fort bien compris. Le jour où le goût de l'épargne aura pénétré dans les habitudes de la population ouvrière, l'ivrognerie et la paresse seront à jamais détruites.

— Dans l'état actuel des choses, et grâce à la fusion de tous les livrets en un fonds commun, chaque ouvrier se trouve réellement copropriétaire de ce gros capital, dont il peut user dans des circonstances graves, comme s'il avait un compte ouvert à la Banque, et qui réalise pour lui tous les avantages des *caisses de crédit,* à savoir : la facilité des prêts et de l'acquisition de tous les objets de consommation.

Quoique le travail ne chôme jamais dans nos ateliers, le travailleur qui a une nombreuse famille éprouve quelquefois un moment de gêne, et son embarras est d'autant plus grand, que dans notre monde des affaires on est impitoyable pour l'emprunteur qui n'offre pas de garanties.

— Voilà une grande vérité ; par cela même qu'une personne est pauvre, toutes les bourses lui sont fermées ; il ne lui reste, le plus souvent, qu'à mettre ses effets en gage. Combien ont traîné une vie misérable, tout en se sentant pleins de force et de courage, faute d'avoir trouvé une main secourable qui ait eu confiance en leur probité et leur intelligence !

— Nous n'avons pas voulu qu'il en fût ainsi dans nos ateliers. Nos ouvriers ont sans doute la disposition du petit capital qui figure à leur livret, mais cette somme est souvent insuffisante ; ils ne pourraient d'ailleurs en disposer qu'en quittant la maison, et ils cesseraient alors de faire partie de notre grande famille. Il a donc été décidé que des prêts particuliers, appelés *Prêts d'honneur*, leur seraient faits toutes les fois qu'ils justifieraient de besoins légitimes et sur leur simple engagement verbal de remboursement régulier aux échéances proposées par eux.

Nous leur avons dit :

Vous êtes dans la gêne, vous avez peu de gages matériels à donner, mais nous croyons à votre probité, à votre travail; voilà cent, deux cents, cinq cents francs : ayez courage; vous rembourserez cette somme par petites parties, de quinzaine en quinzaine ou de mois en mois; on vous donnera un an et plus pour vous libérer... Et nous ne vous demandons que votre parole.

— C'est là ce qu'on pourrait appeler le Mont-de-Piété de l'honneur, avec les intérêts en moins.

— Son véritable nom, et il faut le lui conserver précieusement, car il n'en existe pas de plus beau, c'est le nom de *Prêt d'honneur*.

La Société du Prince Impérial tend au même but; elle a déjà rendu de grands services, et on ne saurait trop applaudir à la pensée éminemment populaire qui a présidé à sa création. Toutefois, elle diffère de notre institution par un point important : elle ne s'en rapporte pas à la seule parole de l'emprunteur et elle exige un cautionnement, des garanties. C'est là, du reste, une conséquence forcée de l'application du prêt dans une grande ville, où on ne se connaît point entre soi, et où n'existe pas cette pression de l'opinion publique qui suffit, dans une petite localité ou dans une industrie particulière, à réchauffer et à raffermir les consciences chancelantes.

Je connais dans un petit canton de la Dordogne un prêt d'honneur qui fonctionne depuis longtemps dans toute sa pureté. En échange de la somme qu'il reçoit, l'emprunteur donne sa simple parole, appuyée de sa réputation de moralité. Il n'y a pas eu en quinze années un centime de perdu, malgré le nombre des prêts, qui ont eu principalement pour objet de rembourser des emprunts usuraires, de réparer des habitations menaçant ruine, d'acheter des bestiaux, des instruments de travail, ou des matières premières. C'est là, sans doute, un résultat extraordinaire : or, ce qui n'est pas moins surprenant, tout ce bien a été produit à l'aide d'une faible somme de trois mille francs que notre patron avait consacrée à cet objet, et qui, sans cesse renouvelée par les remboursements et augmentée de l'intérêt de deux pour cent, a successivement permis d'obliger plusieurs centaines de personnes.

Une bonne organisation ouvrière doit s'entendre en ce sens que l'intérêt du travailleur, non-seulement en ce qui touche son labeur, mais sa vie tout entière, soit constamment protégé et garanti. Ainsi, il ne suffit pas qu'un ouvrier soit assuré individuellement d'avoir du travail, il faut qu'il trouve dans ce travail les éléments nécessaires pour constituer sa famille, la faire vivre, et entretenir, au sein même du foyer domestique, les sentiments de mutuelle affection, d'ordre et de morale, qui sont la base de toute association légitime. Or, pour resserrer la bonne habitude de la vie de famille, la constituer d'une manière durable, le travail doit non-seulement produire une rémunération convenable, mais il doit être réglé de façon que la femme et les enfants, suivant la faculté de chacun, puissent y prendre part et soient dispensés ainsi de se diviser et de courir les hasards d'une destinée différente.

— J'ai entendu dire que souvent la moyenne des salaires ne suffisait pas aux besoins du travailleur. Ne pensez-vous pas qu'un tel état de choses, s'il était vrai, finirait par conduire la société à une crise?

— Il n'y a que deux moyens de combler l'écart qui existe entre le prix des choses nécessaires à l'existence et le revenu de ceux qui travaillent : ou relever le prix des salaires, ce qui est le plus souvent impossible à cause de la concurrence, ou abaisser le prix des objets de consommation. Nous n'avons pas cessé un instant de poursuivre ce double but. Grâce à la formation de notre fonds commun, la *Société de consommation* s'est trouvée ici tout naturellement constituée.

Par suite d'arrangements pris avec plusieurs grands magasins, des économies notables ont été apportées dans les dépenses de vêtements. Ces magasins ont consenti à accorder un rabais exceptionnel sur le prix de leurs marchandises à tous ceux qui se présentent munis d'une carte constatant qu'ils font partie de nos ateliers. Les remises, qui varient de cinq à vingt-cinq pour cent, selon les industries qu'elles regardent, s'étendent à la lingerie, à la draperie, aux nouveautés pour hommes et pour femmes, à la chapellerie, aux modes, aux meubles, aux faïences, aux cristaux, etc. Toutes les mesures de précaution ont été prises pour que ces réductions fussent sincères, et c'est seulement après avoir débattu librement les prix, que l'ouvrier, en se faisant connaître par l'exhibition de sa carte, réclame la remise convenue, soit en déduction de la facture, soit en argent si la facture a été préalablement payée.

Nous nous sommes également occupés des moyens d'apporter la plus grande économie possible dans la nourriture.

Des légumes secs, haricots, lentilles, pois, pommes de terre, sont achetés en gros au moment de la récolte, emmagasinés dans des pièces réservées à cet effet, puis livrés en détail au prix coûtant, pendant les jours d'hiver.

Le vin est acheté dans le Midi par un agent particulier qui, moyennant une remise de 5 francs par tonneau, est chargé de le déguster et de surveiller tous les détails d'expédition par le chemin de fer. Au moment de l'arrivée, on établit le coût de revient; chacun prend sa pièce, sa demi-pièce, ou simplement une certaine quantité de bouteilles; on a ainsi du bon vin aux meilleures conditions, puisque tous les intermédiaires ont été supprimés. Cette mesure est appliquée également à d'autres objets, tels que gros légumes, épicerie, etc.

Vous voyez, Madame, par ce rapide exposé, combien d'avantages matériels sont dus à notre organisation exceptionnelle. Quant aux résultats moraux, elle a relevé l'ouvrier dans sa propre estime; elle lui a créé des fonctions et des forces nouvelles, en lui donnant les moyens d'améliorer lui-même son sort. En l'initiant à la direction des affaires, en l'habituant à l'ordre, à l'épargne, à la règle; en le rendant capitaliste, elle lui a fait comprendre l'importance et la légitimité du capital. Elle a transformé le travail, si aride parfois, en un labeur attrayant. Elle a doublé les forces de chacun en resserrant les liens de la fraternité. Elle a effacé la personnalité jalouse et l'a transformée en émulation. Elle a mis, en un mot, l'intérêt général à la place de l'égoïsme individuel, en faisant concourir les efforts de tous à un but commun : le bien-être et l'indépendance.

— C'est là, en effet, la solution d'un magnifique problème, et je reconnais que les Sociétés coopératives ainsi organisées entre patrons et travailleurs peuvent enfanter des merveilles. Garantir l'ouvrier contre sa propre faiblesse, le sauvegarder contre la pauvreté, lui montrer un avenir meilleur et assuré pour lui et les siens, substituer à cette lutte sauvage, qui existe depuis des siècles entre le producteur et le consommateur, l'ordre, l'harmonie, la solidarité des intérêts, voilà un véritable progrès social, auquel on ne peut qu'applaudir. Votre Imprimerie aura été le véritable berceau des associations ouvrières. Toutefois, une pensée me préoccupe, c'est l'avenir de cet établissement si laborieusement fondé. L'esprit qui le dirige, les fondations commencées, tout cela ne s'amoindrira-t-il pas dans les mains d'un successeur?

— En effet, grâce à la constitution actuelle de la famille et aux lois qui nous régissent, il est difficile de créer rien de durable. Le père se trouve le plus souvent dans l'impossibilité presque absolue de transmettre au plus capable de ses enfants l'industrie qu'il a fondée, au prix des plus grands sacrifices. A sa mort, s'il laisse une famille nombreuse, cette industrie meurt par la division au moment même où elle allait parvenir à une plus grande prospérité. C'est pour échapper à ce danger que notre Imprimerie a été constituée sous la forme d'une société en commandite. La multiplicité des actions et le grand nombre des intéressés lui assureront, j'en ai la confiance, une durée sans laquelle il n'est pas possible de rien édifier de solide.

L'ASSISTANCE.

On ne peut méconnaître, Monsieur, que vous avez fait déjà beaucoup pour l'ouvrier. Que lui faut-il, en effet? Un travail fructueux et assuré? il le trouve dans vos ateliers. Des encouragements à se bien conduire? son titre d'associé et les gratifications qu'il reçoit en fin d'année sont pour lui une récompense précieuse, qui lui inspire le désir de continuer à la mériter. Mais lorsque la maladie le met dans l'impuissance de travailler, et qu'après avoir épuisé ses économies la famille se trouve dans la gêne, que devient celle-ci? Voilà ce que vous ne nous dites pas.

— Notre *Caisse de secours* est bien ancienne, car elle date de trente-deux années, aussi ne pouvais-je manquer de vous en parler. Laisser l'ouvrier livré à ses propres ressources quand la maladie le frappe, ce serait non-seulement un acte d'inhumanité, mais encore la négation du principe de solidarité sur lequel s'appuie plus particulièrement notre maison.

Les Sociétés de secours mutuels, qui ont rendu tant de services, rappellent, mais en les dépassant, les anciennes corporations. On a souvent dit, et on répète parfois, que, sous l'ancien régime, l'avenir des classes laborieuses était beaucoup plus assuré qu'aujourd'hui. Il n'en est rien. Voici à peu près comment les choses se passaient sous le régime du privilège. Chaque corporation avait ses pauvres. Les plus riches possédaient une maison commune divisée en petits logements, lesquels étaient occupés par d'anciens membres de la corporation, devenus infirmes ou indigents. Comme il y avait beaucoup plus de demandes que de places, il fallait faire un choix. Ceux auxquels on ne pouvait faire une réponse favorable étaient admis à l'*extraordinaire,* c'est-à-dire à certains secours provisoires en argent. Les pauvres de l'*ordinaire* recevaient, outre le logement et le bois, des distributions régulières, les unes faites au nom de la communauté, les autres par des particuliers, ou sur la rente de certaines donations. Les pauvres étaient tenus d'assister aux offices et aux messes dites pour le repos de l'âme des défunts. Ils recevaient pour cela quinze sous des parents du mort. L'ouvrier tendait la main.

— La distance morale est grande, en effet, entre cette

charité dans la corporation et le droit à une assistance déterminée que procure l'admission dans une Société de secours mutuels. L'une procède d'une pensée de prévoyance et respecte la dignité humaine ; l'autre se traduit par des dons qui rappellent sans cesse à l'indigent sa condition d'humilité et de dépendance. L'aumône a, sous ce rapport, des conséquences désastreuses : elle entretient le mal au lieu de le guérir. Elle encourage la misère; elle avilit les âmes ; elle développe chez l'homme qui a perdu toute honte les penchants vicieux dont la nature a déposé le germe en son cœur.

Ces vérités ont fait leur chemin dans le monde, et ce sera l'honneur de notre époque d'avoir rompu avec les traditions de charité qui faisaient la base des institutions du passé, et d'avoir substitué à l'aumône qui dégrade les idées de solidarité qui relèvent l'homme à ses propres yeux et lui donnent une indépendance réelle.

— Ce complément intelligent de notre organisation intérieure a fonctionné ici pendant de longues années, donnant des subventions aux malades et leur procurant des médicaments jusqu'à entière guérison.

La législation qui régit aujourd'hui les Sociétés de secours mutuels assurant certains avantages à celles qui se placent sous l'égide gouvernementale, notre Caisse de secours se transforma en 1860, et, à partir de cette époque, un grand progrès fut réalisé pour nos ouvriers. Pendant toute la durée de la maladie, les hommes reçoivent une indemnité de un franc cinquante centimes par jour, et les femmes de un franc. Il est rare que les employés à traitement fixe ne touchent pas en même temps leurs appointements comme s'ils vaquaient à leurs travaux.

Pardonnez-moi, Mesdames, si je vous parle un moment de statistique; c'est un sujet aride, je le sais; mais quelquefois les chiffres sont nécessaires, car ils ont une éloquence devant laquelle pâlirait toute démonstration.

Au 1er juillet 1860, date de la reconnaissance officielle de notre Société de secours mutuels, celle-ci comptait trois cent soixante membres; aujourd'hui, ce nombre dépasse le chiffre de sept cents! Depuis cette époque jusqu'au 31 décembre dernier, c'est-à-dire pendant six ans et demi, l'institution dont je parle a distribué plus de cent mille francs.

Durant cette période, elle a secouru neuf cent soixante-six malades, auxquels elle a payé vingt-six mille quatre cent soixante-onze journées, ce qui lui a coûté trente-quatre mille cent quatre-vingt-cinq francs. Si vous ajoutez à cette dépense vingt-cinq mille francs pour le traitement des médecins et les médicaments, douze mille deux cent vingt-cinq francs affectés aux frais d'inhumation des membres qu'elle a perdus, enfin les secours alloués aux veuves, vous aurez une idée du bien qu'elle a fait.

— Vous ne nous dites pas de quelle manière sont donnés les soins médicaux.

— Un *dispensaire médical* est installé au rez-de-chaussée de l'une de nos maisons ouvrières. Un médecin spécial donne trois fois par semaine des consultations gratuites à ceux qui les réclament, soit pour eux, soit pour leurs enfants.

Le tintement de la cloche annonce l'arrivée du docteur, afin que chacun de ceux qui ont besoin de le consulter puisse se rendre près de lui, sans perte de temps. La médecine est l'auxiliaire obligée de l'économie politique, car seule elle peut déterminer d'une manière sûre les conditions dans lesquelles doit se développer librement la vie physique.

Dans le dispensaire se trouve une petite pharmacie composée des médicaments les plus usuels, lesquels sont immédiatement délivrés, surtout en cas de blessures. Les malades qui ne peuvent se déplacer sont visités tous les jours. Les visites et les médicaments ne leur coûtent rien.

— Je vois qu'il n'y a plus chez vous de malheureux laissés sans secours, et que la maladie, qui porte si souvent la misère au sein des familles dont le père est frappé, est ici impuissante.

— En outre, comme les typographes sont essentiellement compatissants aux infortunes de leurs camarades, si un revers subit, si une maladie atteint une famille pauvre dans un de ses membres pour lequel le droit à l'assistance n'est pas acquis, une souscription fraternelle s'ouvre immédiatement, et chacun s'empresse d'y apporter son offrande.

L'ouvrier qui relève de maladie ou d'accident voit, en outre, sa convalescence protégée. Il trouve le repos, un air pur, une vie confortable dans l'asile de Vincennes ou dans celui du Vésinet, qui ont été ouverts aux invalides du travail par la munificence du chef de l'État. Ces asiles, dont notre patron nous a ménagé l'accès, sont un utile complément des soins médicaux qui nous ont été donnés à domicile.

La sollicitude pour les intérêts de nos camarades ne s'arrête pas au seuil de l'atelier : par des *pensions de retraite* elle les suit au delà et s'occupe d'eux, même quand ils sont partis, car elle veut, avant tout, les soustraire à l'hôpital. L'ouvrier qui se retire après un certain temps de bons services, soit par suite d'infirmités, soit par vieillesse, peut espérer une retraite.

— Et vous avez grandement raison ! Le gouvernement rémunère par des pensions ceux qui l'ont servi fidèlement : pourquoi l'industrie n'aurait-elle pas aussi ses pensionnaires? Loin d'y perdre, elle y gagnera, car l'ouvrier qui est dans la force de l'âge peut craindre de voir au premier moment s'éteindre ses forces : mais il n'aura plus d'inquiétude, et son ardeur au travail s'en trouvera naturellement doublée, le jour où il saura que son sort est assuré et qu'il n'a rien à redouter, dans l'avenir, des misères que la vieillesse amène toujours à sa suite.

— Un fonds particulier a été créé à cet effet ; il est placé à la caisse des consignations. Son importance s'élève déjà à quinze mille francs, somme qui permettra, dès l'année prochaine, la constitution définitive de plusieurs pensions. Ce capital, inaliénable, est destiné à s'accroître à chaque inventaire par de nouveaux versements.

Déjà, dans plusieurs circonstances, la maison n'avait pas hésité à concéder des pensions provisoires ; mais elles avaient le double inconvénient de ressembler à un secours, et de n'offrir aucun caractère de fixité, puisque la main qui les avait données pouvait les retirer à son gré. Ici, au contraire, nous avons adopté comme base de nos institutions ce principe, que la dignité de l'homme consiste surtout à ne rien devoir qu'à lui-même.

Pour obtenir une pension viagère dans les règles ordinaires, il suffit de justifier de soixante ans d'âge et de dix ans de présence active dans les ateliers.

— Ce sont là, Monsieur, de bons exemples à offrir à toutes les industries. Le chef d'un établissement ne devrait pas, le jour où il se retire des affaires, se croire quitte, parce qu'il aura soldé exactement leur journée à des ouvriers qui ont été ses collaborateurs et qui ont risqué peut-être quelquefois leur vie pour le servir. Leur laisser quelque aisance, c'est pour lui le meilleur moyen de justifier et d'honorer sa propre fortune.

— Enfin, la Société accompagne ses membres de sa

prévoyance même au delà du tombeau. Lorsqu'elle perd l'un d'entre eux, elle pourvoit aux frais funéraires, dans lesquels entre l'achat d'un terrain particulier ; elle apporte ainsi un grand adoucissement à la douleur des familles, qui ne sont pas privées de la suprême consolation d'aller prier sur la tombe de celui qu'elles pleurent. De plus, un secours est accordé à sa veuve ou à ses enfants.

— Je vois, Monsieur, que tout a été prévu avec une paternelle sollicitude et une rare philanthropie. Dans cette Imprimerie modèle, où les institutions de prévoyance sont si sagement organisées, l'ouvrier trouve secours, soins, assistance lorsqu'il est malade ; — l'air de la campagne pour sa convalescence ; — une pension dans ses vieux jours ; — enfin, après sa mort, une tombe, où sa famille peut aller pleurer. Votre Société ne se borne pas à forcer ses associés à l'épargne, qui est le principal moyen d'arriver au bien-être et le remède le plus efficace contre le paupérisme. Elle fait plus encore : elle se montre pour celui qui souffre un ami dévoué ; elle le soigne, le visite, l'indemnise, le console ; c'est un ange qui vient s'asseoir à son chevet, et qui fait renaître dans son cœur la confiance et l'espoir... Il ne faut chercher rien au delà, et je félicite sincèrement le créateur de cette magnifique organisation de la fermeté persévérante qu'il lui a fallu pour marcher résolûment dans sa voie sans se laisser décourager par les difficultés et les dégoûts, qui ne sont jamais épargnés aux novateurs ! Celui-là a rempli sa tâche, qui laisse derrière lui une trace honnête et pure de son passage dans la vie.

— C'est l'œuvre de quarante années de préoccupations incessantes. Tandis que d'autres professent un amour discret pour les classes laborieuses, et se bornent à discourir sur les moyens d'améliorer leur sort, ici nous ne nous contentons pas de les soumettre à ce maigre régime. Chaque idée nouvelle qui se produit est mise immédiatement à l'étude, et il en résulte cet ensemble d'institutions qu'on trouve rarement réunies dans un même établissement.

TRAVAIL DES FEMMES.

Une de nos bonnes institutions, c'est le travail des femmes compositrices.

— Dites donc la meilleure entre toutes, si elle doit, comme on me l'assure, améliorer la condition d'existence qu'a faite aux femmes notre société si peu philanthropique, si peu chrétienne à leur égard, et qui se vante bien à tort, en ce qui les concerne, d'être civilisée et progressive. Ne les a-t-on pas en quelque sorte chassées de la plupart des professions qu'elles occupaient autrefois? Ne sont-ce pas des jeunes gens qui, dans toute la vigueur de l'âge, dépensent leurs forces à aunor la soie, les dentelles ; à fabriquer des corsets ou à essayer des châles? Ne rencontrent-elles pas jusque dans les pensionnats l'inconvenante concurrence des hommes? Enfin, pourquoi le gouvernement lui-même ne songe-t-il à elles que pour les seuls bureaux de timbre, de poste et de tabac, alors que tant d'autres emplois pourraient leur être confiés? Pense-t-on qu'elles rempliraient moins bien que les hommes les fonctions d'inspectrice des prisons de femmes et du travail des manufactures? Ne devrait-on pas leur réserver une plus grande partie des bureaux de télégraphie électrique?

— Il est certain que notre siècle, si fier de ses progrès industriels, des découvertes de ses savants, de ses doctrines plus ou moins séduisantes d'égalité et de fraternité, de ses théories utilitaires, n'a pas étendu jusqu'à la femme sa sollicitude, et ne lui a pas permis de défendre contre un envahissement successif toutes les positions qui lui étaient propres.

Dans toutes les situations, la femme coud, tricote ou brode, mais par cela même elle trouve partout une concurrence qui a pour effet l'abaissement de son salaire. Cette concurrence, elle la rencontre dans les couvents, dans les communautés, dans les prisons, et jusqu'au sein des classes aisées, où la femme trafique, plus souvent qu'on ne le croit, d'une partie de son travail. Les machines à coudre sont venues aggraver encore le mal.

Il en résulte que la plupart des ouvrières gagnent à

peine de deux cents à cinq cents francs par an, somme réellement insuffisante, quels que soient l'ordre, la parcimonie même la plus scrupuleuse qu'elles puissent apporter aux dépenses de logement, d'éclairage, de chauffage, de nourriture : tel est pourtant le problème imposé à de pauvres filles que l'on compte à Paris par milliers, et qui s'épuisent par un travail prolongé et fatigant !

— L'ouvrière en chambre, qui est sans famille et n'a pour subsister que le seul travail de ses doigts, vit en outre dans de mauvaises conditions hygiéniques. L'enquête de 1851 parle d'une femme « plutôt ensevelie que « logée dans un trou de cinq pieds de profondeur sur « trois de largeur, » et « d'une autre qui avait été obli- « gée, pour respirer, de casser le carreau de son unique « lucarne. »

Leur sort n'est pas plus heureux dans les manufactures, indépendamment des dangers qu'elles y rencontrent au point de vue de la moralité. Permettez-moi de vous citer quelques exemples.

Les fileuses gagnaient autrefois de cinquante centimes à un franc, somme relativement considérable en raison de la valeur plus grande de l'argent; elles touchent aujourd'hui à peine trente centimes pour douze heures et quelquefois quatorze heures de travail : comment pourraient-elles songer à se marier, dans une situation aussi précaire, lorsque le salaire de l'ouvrier suffit à peine, de son côté, à le nourrir? Le mariage devient alors pour ce dernier un épouvantail, et lui inspire la crainte naturelle de voir accroître ses charges par l'entretien d'une femme et d'une famille. N'est-ce point là, y compris notre système des armées permanentes, une des causes de l'abaissement successif de la population en France?

L'ouvrière est donc, le plus souvent, condamnée à la pauvreté, à la misère et au célibat, et nous pourrions presque dire aux maladies, si nous considérons la nature de certains travaux

Dans la manipulation du coton, l'épluchage, le louvetage, la corderie, sont des plus malsains : la poussière et le duvet qui s'échappent du coton entrent dans les poumons et causent parfois la phthisie dite cotonneuse. Le sol humide, les parois encrassées, les fenêtres étroites et peu nombreuses accroissent les conditions délétères qui pèsent sur les éplucheuses, condamnées à passer douze heures par jour dans une atmosphère insupportable au simple visiteur. La chaleur accablante de la corderie constitue aussi une cause de maladie. — La préparation du chanvre et du lin offre peut-être encore plus d'inconvénients que celle du coton. L'atmosphère est empestée ; les ouvrières vivent douze heures le corps en transpiration, les pieds dans l'eau. — S'agit-il de la fabrication de la soie, où les femmes seules font le tissage des cocons et le cardage de la filoselle, on les voit à chaque instant tremper leurs mains dans l'eau bouillante pour en retirer les cocons. Ajoutez les émanations putrides des chrysalides pourries : les ouvrières sont littéralement empoisonnées ; de là les fièvres qui souvent les rongent, les vomissements de sang, les fluxions de poitrine causées par le passage du chaud au froid quand elles sortent. — Dans les verreries, les tailleuses de cristal, penchées toute la journée sur leur roue, ont constamment les mains dans l'eau. — Les travaux agricoles, que l'on souhaite pour elles, sont très-pénibles. Il est des départements où elles portent sur leur dos ou sur leur tête de lourds fardeaux. Dans le midi de la France, notamment, on les voit encore tenir la charrue, porter le fumier, et souvent, pêle-mêle avec les hommes, sur les chantiers de terrassement, enfoncer la bêche avec leurs pieds nus, servir les maçons et les couvreurs sur les toits.

— Ce que vous dites là est-il possible? Et en ce cas, comment peut-on le tolérer? Il n'y a pas un cœur humain qui ne se sente navré devant de pareils spectacles, et ne soit tenté de maudire une société où l'on sanctionne en quelque sorte de tels actes d'inhumanité.

— Je n'ai malheureusement rien exagéré ; aussi est-il du devoir des esprits véritablement sérieux et philosophiques de rechercher pour la femme de nouvelles occupations et de lui ouvrir des horizons meilleurs, en mettant à sa portée des travaux plus sains, plus agréables, mieux rétribués, en rapport avec son intelligence. On ne doit pas se borner à crier contre le mal; mieux vaut rechercher les causes et y remédier. Quant à nous, pénétrés du désir d'apporter notre pierre à cette œuvre de rénovation sociale, nous avons songé à initier la femme aux travaux de la composition, qui, jusqu'ici, avaient été exclusivement le partage des hommes. Les débuts ont été difficiles : comme l'essai se faisait à Paris, les compositeurs hommes ont commencé par s'y opposer, sous le prétexte que la typographie, qui avait passé jusqu'ici pour une profession libérale, se trouverait amoindrie par l'introduction des femmes, et en quelque sorte déconsidérée et rabaissée.

On n'ignore pas, disaient-ils, qu'il y a « une tradition typographique constante, à savoir que quand la femme est introduite dans l'imprimerie comme compositrice, l'homme se retire : contre une tradition si antique, si générale, on ne peut rien; la violer, c'est provoquer sciemment le désordre. » Et en effet, comme sanction, la plupart abandonnèrent les ateliers, du moins momentanément.

Les journaux se sont mêlés à la lutte et ont soutenu cette étrange doctrine, que la femme n'était pas faite pour travailler. M. Michelet s'écriait, au seul nom d'*ouvrières :* « Mot impie, sordide, qu'aucune langue n'eut « jamais, qu'aucun temps n'aurait compris avant l'âge « de fer. »

Tout cela est fort beau en théorie, mais impraticable. Sans doute il serait préférable que le rôle de la femme se bornât à être mère de famille, à tenir sa maison, à soigner ses enfants, s'en remettant au travail de son mari pour suffire aux besoins du ménage; mais tous les maris ouvriers ne sont pas rangés, et s'il en est qui dépensent au cabaret le salaire de leur semaine; si la femme est veuve, et si les filles ne sont pas mariées, les filles et la femme doivent-elles mourir de faim, sous prétexte que leurs mains ne sont pas faites pour le travail?

— C'est toujours au nom de la dignité des femmes qu'on les condamne à la misère, à une dépendance absolue; c'est en paraissant croire que la protection des hommes leur est due et ne leur manque jamais, qu'on leur ôte tout moyen d'existence. Vous avez bien fait de bannir ces fausses doctrines qui, sous un semblant d'intérêt et d'humanité, ne peuvent, dans la vie réelle de l'ouvrier, que tendre à abaisser la position de la femme.

— Le travail est le gagne-pain de l'ouvrière pauvre, le moyen pour elle de mieux élever ses enfants; en ajoutant au produit de la journée de son mari l'appoint de son propre salaire, elle l'aide à apporter l'aisance dans le ménage, et ajoute à sa propre dignité et au respect qu'on lui porte. C'est blesser tous les principes de la liberté et de la démocratie moderne, c'est heurter du même coup la justice et la morale, que de vouloir interdire à la femme le travail, d'oser faire de l'oisiveté son idéal, de soutenir qu'elle a le droit au repos, non le droit au travail. Les contrats doivent être libres; le droit de travailler est le même chez l'homme et chez la femme.

Le travail *est saint,* a-t-on dit avec raison. Mais si l'oisiveté perd la femme des classes supérieures, il faut reconnaître que l'insuffisance du salaire avilit l'ouvrière. L'élévation du salaire des femmes et leur admission dans les cadres de l'industrie se lient donc directement à leur affranchissement et à leur dignité morale. Or, la moralité de la femme ne peut être assurée que par l'indépendance personnelle que donne un travail suffisamment rétribué. Pour la femme comme pour l'homme, il n'y a de dignité possible qu'avec la liberté. La femme ne doit pas être placée sous la tutelle absolue de l'homme. On doit assurer à celle qui travaille l'indépendance qu'elle a conquise à la sueur de son front. La jeune fille qui gagne largement et honorablement sa vie trouvera bien plus facilement qu'une autre à se marier, parce qu'elle apporte dans la communauté son salaire, qui sera à la fois sa dot et la sauvegarde de sa dignité.

Le spectacle d'une femme laborieuse peut corriger quelquefois les désordres et la dégradation du mari, élever ses sentiments, le rendre moins brutal, moins égoïste, meilleur en un mot. Tel qui eût méprisé sa femme ne gagnant rien la considère pour l'argent qu'elle apporte. Dans tous les cas, le travail est pour la femme un moyen d'indépendance, surtout si elle devient veuve, ou si la conduite du mari a dissous, par le fait, le mariage. Les moralistes, dites-vous, prétendent que la femme doit rester auprès du foyer, la mère auprès du berceau; qu'il appartient au chef de la famille d'exercer une puissance qu'il tient de Dieu. Mais que deviendra le rôle de la femme au foyer, auprès du berceau, si ce foyer est sans flammes, si ce berceau n'est qu'une planche nue, si le délégué de Dieu préfère au froid grenier, à la cave humide, le cabaret avec son poêle bien entretenu?

— Il faut dire et proclamer bien haut que le travail est utile même dans la situation la plus élevée. Il est la santé morale des femmes riches et les défend contre l'ennui rongeur, le désœuvrement, les caprices malsains; il est un accessoire utile des soins du ménage.

— Nous sommes, je n'en doute pas, complétement d'accord sur la nécessité du travail pour les femmes. Permettez-moi maintenant de vous démontrer que la composition des planches d'imprimerie offre pour elles plus d'agrément et de profit que la plupart des autres professions.

Comme vous avez pu le voir dans votre précédente visite, le maniement des caractères n'exige ni efforts ni bras nerveux; c'est une œuvre d'adresse, d'habitude, qui distrait et amuse au lieu de fatiguer, et dont on s'occupe alternativement debout ou assis. Cette occupation convient particulièrement aux aptitudes de la femme; elle offre à son organisation intellectuelle et physique le mouvement et la variété, développe et occupe son esprit, son intelligence, en la mettant en rapport constant avec les grands écrivains. La journée de travail est relativement courte et n'empêche pas la femme de veiller sur ses enfants et sur son ménage.

— Je suis encore à me demander comment une organisation si sage, je pourrais dire si perfectionnée, a pu soulever tant d'oppositions.

— Nos contradicteurs, dans leur aveuglement, n'ont pas vu qu'ils reculaient d'un siècle[1], et que la société du

---

[1] « Nous voulons en conséquence abroger ces institutions arbitraires « qui ne permettent pas à l'indigent de vivre de son travail, qui re- « poussent un sexe à qui sa faiblesse a donné plus de besoins et « moins de secours, et qui semblent, en le condamnant à une misère « inévitable, seconder la séduction et la débauche. »
(Turgot. — *Édit de février* 1776.)

moyen âge, contre laquelle la Révolution a protesté avec raison, n'a été qu'une longue exclusion, une longue oppression de la femme, et cela parce que cette société était basée sur la force ; qu'enfin aujourd'hui, en réclamant encore pour l'homme, c'est-à-dire pour la force, le privilége exclusif du travail, ils faisaient du féodalisme, au lieu de faire de la liberté.

— A quel âge les enfants peuvent-ils commencer à travailler ?

— Dès l'âge de douze à quatorze ans, la petite fille est admise dans l'atelier : plus elle débute jeune, plus elle devient habile, car la composition exige particulièrement l'habileté et l'agilité des doigts.

Il suffit, pour commencer, de savoir un peu de lecture et d'orthographe, et il n'y a pas, avec la diffusion de l'instruction, une jeune fille qui ne sache l'une et l'autre. Cette éducation sommaire se complète dans l'atelier de composition et dans l'école, dont j'aurai à vous parler tout à l'heure.

Les compositrices sont prises de préférence dans les familles des ouvriers qui travaillent dans la maison, et c'était déjà un bien d'avoir réuni sous le même toit, quoique dans des ateliers différents, le mari, la femme et les enfants, et de leur avoir permis de se trouver ensemble aux heures des repas, d'éviter enfin à la jeune fille qui va rejoindre son atelier, ou reporter son travail, les longues courses, pleines de dangers, à travers Paris. Il fallait faire mieux encore ; il fallait mettre le logement assez près de l'atelier pour que la mère pût surveiller son ménage, et, au besoin, allaiter son enfant.

A défaut de jeunes filles fournies par les familles des ouvriers, nous opérons le recrutement de nos apprenties dans les communes environnantes; elles sont reçues ici aussitôt après leur première communion.

L'apprentissage est pour elles une charge légère, car la maison ne gagne rien sur les apprenties; dès que leur travail est lucratif, elles en touchent le salaire, sauf la part qui revient à l'ouvrière chargée de leur surveillance et de leur apprentissage. Après trois mois, l'apprentie reçoit le quart du produit de son travail, pendant un an la moitié, et les trois quarts jusqu'à la fin de la deuxième année, époque où elle a droit à son livret d'ouvrière.

Ces délais sont abrégés dans l'un des deux cas suivants : si elle montre des dispositions particulières, ou si la famille est dans le besoin. Vous voyez combien sont rendus faciles les moyens d'apprendre la *composition*. Dans la plupart des professions, les conditions sont plus rigoureuses. On assure même qu'à Lyon, quatre années d'apprentissage sont exigées pour l'état de tisseuse, métier qui pourrait être appris en six mois.

L'introduction des femmes dans les imprimeries n'a, du reste, rien de nouveau; elles y sont admises depuis longtemps comme plieuses ou brocheuses; elles frottent les caractères dans la fonderie, elles relèvent et margent les feuilles aux mécaniques. Nous en comptons ici deux cents environ occupées à ces divers travaux, peu fatigants, mais qui, étant purement mécaniques, sont plus faiblement rétribués que ceux de la composition. Déjà quelques imprimeurs avaient occupé des compositrices ; il existe depuis plusieurs années un établissement très-bien organisé, dans Eure-et-Loir, chez MM. Didot ; mais nous sommes les premiers à Paris qui leur ayons consacré, sur une grande échelle, des ateliers spéciaux. Vous avez vu que l'un d'eux en renferme une centaine.

En Angleterre, une imprimerie entièrement composée de femmes a reçu de la reine l'autorisation de porter son nom. En Amérique, il y a plusieurs journaux qui sont entièrement composés par des femmes.

Ceux qui s'opposaient à l'entrée des femmes dans l'imprimerie disaient que notre but était de réaliser des économies en abaissant le salaire de l'homme par la femme, ce qui finirait par précipiter l'un et l'autre dans une misère commune : c'était une crainte mal fondée. L'introduction des femmes n'a pas amené pour nous un centime d'économie ; leur salaire est identiquement le même que celui des hommes. Nous avons voulu qu'elles fussent ici dans des conditions identiques à celles des hommes. Or, comme le salaire peut s'élever, suivant leur habileté, jusqu'à quatre et cinq francs par jour, c'est l'aisance et non la misère qu'elles trouveront dans cette nouvelle carrière.

— Grâce à Dieu, vous avez persévéré dans votre œuvre, qui me semble irréprochable sous tous les rapports. C'était déjà beaucoup de donner aux femmes et aux filles de vos ouvriers un état fructueux qui devait doubler les ressources du ménage. Ce qui est plus louable encore, c'est qu'en mettant la femme en mesure de se suffire à elle-même, vous avez fait triompher ce principe démocratique : qu'elle doit être appelée au travail des hommes toutes les fois que ce travail se trouve en rapport avec ses aptitudes et ses forces.

— L'école est l'accessoire indispensable d'un atelier de compositrices. Les jeunes filles qui nous arrivent sont toutes restées plus ou moins longtemps dans les classes primaires, mais elles y ont peu appris.

— On s'occupe, en effet, depuis quelque temps, avec une ardeur fort louable assurément, de multiplier le nombre des écoles. C'est chose très-utile, sans doute ; mais ce qui ne le serait pas moins, ce serait d'améliorer l'instruction elle-même, c'est-à-dire de faire des élèves plus capables.

— Préoccupés de cette pensée, que l'avenir professionnel de nos ouvrières pouvait être compromis par le manque d'instruction, nous n'avons pas hésité à instituer, à côté même de l'atelier, une école gratuite, et à faire une obligation à toutes les apprenties d'en suivre les cours. Du moment où la femme était obligée de travailler, il fallait régulariser et féconder son travail, et il est incontestable que plus elle acquerra, par l'éducation et par l'instruction, la force morale et la capacité intellectuelle, plus on la verra revendiquer, au nom de la morale et de la justice, le droit de vivre en travaillant.

D'ailleurs, la destinée de la femme fait celle de l'enfant

et de l'homme futur. Il est faible ou vigoureux, d'une bonne ou d'une mauvaise santé, honnête ou vicieux, selon l'éducation qu'il a reçue jusqu'à son adolescence.

— On peut dire aussi que la destinée de la femme fait celle du mari, surtout dans les classes ouvrières. Comment une femme qui, dès l'âge de huit ans, est réduite à l'état de machine, et dont on n'a jamais cherché à développer le cœur ni l'intelligence, pourrait-elle avoir des instincts élevés? Comment pourrait-elle exercer sur son mari une influence bienfaisante et le retenir dans des liens sérieux?

— L'école est ouverte tous les jours et confiée à une institutrice brevetée et capable. On y donne des leçons d'écriture, de calcul, d'orthographe, d'histoire et de géographie, non-seulement aux apprenties, mais encore aux ouvrières, mariées ou non, qui en font la demande.

Des prix sont décernés, lors de l'assemblée générale, aux élèves qui se distinguent par leur aptitude et leur zèle.

— Oui, l'instruction fait voir juste, bannit la chimère, élève l'esprit de la femme; c'est donc pour elle une œuvre fort méritoire et qui doit avoir sur son avenir une heureuse influence, que de développer son intelligence en même temps qu'on lui offre un travail rémunérateur. L'éducation, secondant l'apprentissage, relève et ennoblit sa tâche, en même temps qu'elle développe les trésors de son cœur. Mais ce que je vois de préférable encore dans l'institution dont vous parlez, c'est que par là vous améliorez la nouvelle génération qui s'avance. Les mères ne sont-elles pas les maîtres les plus dévoués de l'enfance, et existe-t-il pour la famille de l'ouvrier un bien plus désirable qu'une femme dont l'éducation a fécondé et grandi les sentiments?

— Ces réflexions, Madame, ne doivent pas s'appliquer seulement à la classe ouvrière. Si la femme du monde s'attachait à donner à ses filles, au lieu de talents futiles, une éducation sévère et l'amour du travail; si, au lieu d'en faire des poupées vêtues selon la mode, qui ne songent qu'à la coquetterie, elles en faisaient de bonnes ménagères, le mariage cesserait d'inspirer tant d'effroi, et la femme reconquerrait, avec sa dignité, la place honorable qui lui convient. On ne connaîtra la véritable valeur de la femme que le jour où elle pourra manifester ses facultés au moyen de l'éducation, et s'affranchir, par le travail, de la dépendance matérielle de l'homme, qui l'annihile et la dégrade.

Persuadés que la femme n'est réellement parfaite que si elle réunit les qualités du cœur à celles de l'esprit, nous avons placé à côté de l'enseignement de l'école l'enseignement religieux, non moins utile dans les ateliers par son influence moralisatrice que l'air et la lumière. Nos jeunes filles suivent assidûment l'un et l'autre enseignement. Ce dernier est donné par un vénérable prêtre.

— Je vois que vous avez fait de la fabrique un instrument de moralisation, ce qui est très-beau. L'idée religieuse et chrétienne, nécessaire dans toutes les conditions de la vie, est plus indispensable encore à l'ouvrière, dont l'existence est accompagnée de tant de privations : seule elle peut lui inspirer la résignation, lui indiquer la bonne voie, et maintenir son âme dans le sentiment du devoir et de la vertu. C'est une grande et belle tâche que de réformer l'ouvrier par l'éducation et l'éducation par la religion.

LA FAMILLE.

Quand on eut décidé l'annexion des communes de la banlieue, il fut facile de prévoir que le nouveau Paris allait devenir inhabitable pour les travailleurs. Chassés du centre, ils sont venus se réfugier en dehors des fortifications, et là encore, c'est à grand'peine qu'ils se défendent contre l'exagération du prix des loyers.

Afin de remédier à ce grave inconvénient, chacun s'est mis à l'œuvre, le gouvernement en tête, pour bâtir des logements à bon marché. Des cités considérables ont été construites à grands frais; mais l'ouvrier a refusé de s'y loger, dans la crainte d'aliéner son indépendance et celle de sa famille, et l'on sait combien le sentiment de la liberté prédomine en lui. Il ne se sentait pas assez chez soi dans ces maisons monumentales.

D'autres tentatives ont été faites aux environs de Paris et n'ont pas eu plus de succès, même lorsque la faculté de devenir propriétaire, au moyen de versements modérés et successifs, a été offerte aux ouvriers.

Si ces derniers essais n'ont pas mieux réussi, cela tient encore à ce que les logements se trouvent trop éloignés des fabriques, et au manque de moyens de communication. Jusqu'à présent, en effet, on n'a pas songé à créer en faveur de l'ouvrier qui travaille à Paris, en même temps que des logements éloignés, des omnibus dont le prix des places ne dépassât pas cinq ou dix centimes, afin qu'au bout de la journée il n'eût point à parcourir une trop longue distance pour rentrer et retrouver son ménage.

— La France est donc plus malheureuse, sous ce rapport, que d'autres nations? J'ai vu à Florence une cité ouvrière, fondée par association, qui est en pleine prospérité. Elle contient deux cents logements, dont le loyer varie de cinquante à deux cents francs, et des magasins loués à des prix modérés. Cette entreprise ayant pu répartir un dividende de cinq pour cent, la société vient de construire une deuxième cité. Le nouveau bâtiment s'élève sur un terrain donné par la ville, et comprend cent trente-trois logements et des boutiques. On y trouve, en outre, une salle d'asile pour les enfants des familles qui habitent la maison, et où peuvent être reçus cinq cents enfants des deux sexes; enfin, un local pour une maison communale.

— La France aussi peut s'enorgueillir de pareilles fondations. Il en existe notamment autour des mines de charbon de terre, où l'on a l'habitude, dans l'intérêt même de l'industrie, de fournir des logements à l'ouvrier. Mulhouse, qui doit être placée en tête de toutes les autres villes pour ses institutions utiles, a fondé une société particulière, dans le but de construire des cités ouvrières, composées de maisons entourées de jardins; chacun y est chez soi, et peut en devenir propriétaire s'il veut s'engager à les payer sur son salaire. Le gouvernement a encouragé cette société par un don de trois cent mille francs. Les maisons coûtent de deux mille quatre cents à trois mille francs. On exige de l'ouvrier une première mise de trois cents à quatre cents francs.

Le surplus est payable en versements mensuels, comprenant l'intérêt arriéré et l'intérêt courant, le loyer calculé à raison de dix-huit francs par mois pour une maison de deux mille quatre cents francs, et de vingt-trois francs pour une maison de trois mille francs. La société, qui encaisse ces sommes, les regarde comme un à-compte qu'elle perçoit sur ses créances et bonifie l'intérêt au débiteur; celui-ci touche cinq pour cent sur tous ses versements, de telle sorte que sa dette s'atténue peu à peu. En dix, douze ou quatorze ans, selon les conventions faites, la société a recouvré son capital avec les intérêts, et l'ouvrier est propriétaire à jamais, lui et les siens, d'une maison propre et commode, qu'il lui est permis de vendre[1]. Il jouit, en outre, de tous les établissements utiles attachés à cette petite ville d'ouvriers : boulangerie, restaurant, lavoir, bibliothèque, etc.

— Rien n'est plus séduisant, en effet, pour le travailleur, que d'avoir la facilité d'acquérir une maison, un jardin, voire même un petit champ. L'amour de la propriété est inné dans tous les cœurs, et la possession les fortifie. C'est cet amour profond pour le sol, pour le clocher, qui inspire et développe le patriotisme, et on a dit avec raison que là où il ne serait point possible de posséder, il n'y aurait pas de patrie. Cette pensée a en outre pour résultat de forcer le travailleur à l'économie et à la prévoyance, lesquelles, bien entendues, constituent en quelque sorte une augmentation de salaire. Un ouvrier instruit, honnête homme et propriétaire, que pourrait-on souhaiter de mieux?

— Par malheur, ce programme, d'une exécution si facile en apparence, offre dans l'application des difficultés de plusieurs natures. Vouloir, à Paris et dans la banlieue, où les terrains coûtent de dix à vingt francs le mètre, et où la main-d'œuvre est très-élevée, faire payer le prix des maisons aux ouvriers sur le salaire ordinaire, c'est chose impossible, car on les priverait de ce qui

---

[1] Avec cette restriction, toutefois, que l'ouvrier propriétaire ne pourra, *sans l'autorisation de la Société*, ni revendre l'immeuble avant dix ans révolus, ni sous-louer à une autre famille. Il paraît cependant que cette seconde prescription serait éludée par quelques ouvriers, qui trouveraient le moyen, soit en divisant leurs chambres, soit en y établissant des soupentes, de se procurer des sous-locataires dans de tristes conditions d'hygiène.

est impérieusement nécessaire à la nourriture et à l'entretien. Pour obtenir ce résultat à bon marché, il faudrait que ces maisons fussent construites dans de mauvaises conditions, reproche qu'on a fait même à celles de Mulhouse.

Quant au payement par annuités, on aurait beau le diviser, il n'en pèserait pas moins lourdement sur l'ouvrier, à peine pourvu du nécessaire; le payement deviendrait même impossible dans les cas de maladie ou de chômage. Il faut aussi ne pas perdre de vue qu'une fois l'ouvrier engagé par un premier versement, son indépendance est compromise, puisqu'il ne peut ni vendre ni louer sa propriété. Enfin, lorsque l'heure de sa libération complète aura sonné, bien certain qu'il doit à son travail seul la propriété de sa maison, il n'aura vis-à-vis de son patron aucun sentiment de reconnaissance, si même il ne lui reproche pas d'avoir enchaîné sa liberté d'action pendant une si longue période de temps. La maison elle-même passera dans d'autres mains s'il lui plaît de la vendre, et les dernières traditions se trouveront définitivement rompues avec la famille ouvrière.

Le système si séduisant qui consiste à rendre l'ouvrier propriétaire offre encore quelques inconvénients. S'il meurt avant d'être libéré, que fera sa famille? Comment recouvrera-t-elle les sommes payées? Lui sera-t-il possible, privée de son chef, de tenir les engagements contractés? Si les enfants sont jeunes, si la mère ne travaille pas, alors plus de salaire, et, par suite, plus d'à-compte versés. Si l'ouvrier survit à sa libération complète et veut vendre sa maison, à qui s'adresserat-il? Comment sera-t-il remboursé? N'est-il pas à craindre que, loin d'améliorer sa position et de l'avoir rattaché à l'usine, on ne lui ait créé de nombreux embarras.

Le système qui consisterait, au lieu de faire acquérir la maison, à dégrever le loyer, serait préférable, suivant nous, surtout dans les environs de Paris. Plus de sacrifices alors pour le travailleur ; mais, au contraire, un allégement des dépenses annuelles qui faciliterait d'autant ses économies. Sans doute il ne serait pas, après quatorze ans, possesseur d'un immeuble, mais il aurait une plus forte somme inscrite à son livret, et la satisfaction immense de pouvoir se choisir une résidence en tel endroit qu'il lui conviendrait.

Rien ne serait plus facile que d'arriver à cette réduction de loyers, au moyen d'un amortissement calculé d'après les dépenses de la construction des maisons, ou d'un prélèvement annuel sur les bénéfices. Ainsi le loyer de deux cents francs, par exemple, se trouverait réduit successivement de façon à ne plus coûter un jour que cinquante francs.

Si, à la mort du chef de la famille, les enfants succécédaient au travail, ils continueraient à profiter des avantages attachés à leur maison, avantages qui, en se perpétuant de génération en génération, perpétueraient les liens de famille et d'affection. Libre de quitter la fabrique à son heure, l'ouvrier ne serait arrêté par aucun embarras d'affaires, l'argent provenant des bénéfices et porté sur chaque livret devant être payé comptant. Vous remarquerez, en effet, que le livret de participation joue ici le rôle de la maison achetée par annuités, avec cette différence qu'il est immédiatement réalisable. Si, par suite du départ de la première famille, une nouvelle lui succédait, elle jouirait, dès son entrée, de la réduction du loyer, qui se trouverait ainsi acquise à jamais à tous les successeurs. Loin d'être perdus par un changement de personnes, comme lorsque la maison change de mains, les sacrifices faits par l'État ou les particuliers seraient impérissables, puisqu'ils se transmettraient indéfiniment, au profit de la fabrique et de la famille ouvrière.

— C'est là, Monsieur, une idée aussi simple que facile à réaliser, et qui me semble devoir assurer le succès définitif des cités ouvrières. Il faut la proposer bien vite au gouvernement, si préoccupé du bonheur des ouvriers, et nul doute qu'il ne se hâte de l'accueillir, car elle peut donner la solution d'un problème vainement cherché jusqu'à présent : l'affection réciproque entre celui qui possède et ceux qui ne possèdent pas.

— Telle est aussi la pensée bien arrêtée de notre chef; il croit l'idée vraie, il l'a déjà publiée, et il ne cessera de la proclamer, jusqu'au jour où on lui aura fourni les moyens d'en faire l'application sur une large échelle. En attendant que les ressources nécessaires lui arrivent, je vais vous dire ce qu'il a exécuté ici concernant les maisons ouvrières, qu'il considère à juste titre comme un élément essentiel de la constitution de tout établissement industriel voulant assurer le bien-être de ses collaborateurs indispensables.

Une bonne organisation ouvrière doit s'entendre en ce sens que l'intérêt du travailleur, en ce qui touche non-seulement son labeur, mais sa vie tout entière, soit constamment protégé et garanti. Ainsi, il ne suffit pas qu'un ouvrier soit assuré individuellement d'avoir du travail ; il faut qu'il trouve dans ce travail les éléments nécessaires pour constituer sa famille, la faire vivre, et entretenir, au sein même du foyer domestique, les sentiments de mutuelle affection, d'ordre et de morale qui sont la base de toute association légitime. Or, pour resserrer la bonne habitude de la vie commune, la constituer d'une manière durable, le travail non-seulement doit produire une rémunération convenable, mais il doit être réglé de façon que la femme et les enfants, suivant les facultés de chacun, puissent y prendre part, et soient dispensés de se diviser et de courir les hasards d'une destinée différente. L'impuissance où sont les ouvriers d'améliorer leur sort tient principalement au manque d'organisation du travail, à la dispersion de la famille, à l'extrême division des occupations, au défaut d'éducation, à l'exiguïté et à l'insalubrité du logement.

La famille, c'est un fait malheureusement trop général, existe rarement pour l'ouvrier. Son salaire étant presque toujours insuffisant pour les besoins de son ménage, sa femme et ses enfants doivent aller travailler de leur côté pour subvenir à la dépense commune. La fille elle-même est obligée de chercher au dehors une occupation qui suffit à peine à la nourrir, s'il s'agit de couture, et la laisse exposée à mille dangers lorsque son atelier est situé à une grande distance. D'autre part, le chef de famille prend tout ou partie de ses repas au dehors, et ne rentre que fort tard s'il est retenu par des travaux de nuit : le ménage se trouve ainsi délaissé.

Le seul moyen de reconstituer l'intérieur de la famille ouvrière, c'est de rapprocher l'habitation des ateliers. L'absence de la femme offre de grands inconvénients pour les enfants, qui restent abandonnés et livrés aux privations : la présence de la femme est nécessaire au foyer domestique. Le voisinage de l'atelier a en outre le grand avantage de garantir l'ouvrier contre toute espèce de dérangement; plus il est rapproché de sa famille, plus il hésite à lui donner un mauvais exemple : l'amour du chez-soi le fait échapper ainsi au cabaret, son plus grand ennemi, la pire de ses habitudes, le dissolvant le plus puissant de ses idées de devoir; au cabaret, qui absorbe une large part de l'argent gagné dans la semaine, et presque toujours celui des ouvriers les plus habiles. On a dit avec raison qu'il n'y aurait plus de misère le jour où le cabaret serait vide.

Bien persuadés que l'habitation mise à côté de l'atelier, le travail des enfants et de la femme rapproché de celui du mari, peuvent seuls parer à ces nombreux inconvénients, et sans nous laisser arrêter par les essais malheureux tentés jusqu'alors, nous avons édifié les deux maisons que vous avez aperçues à gauche et à droite de la porte d'entrée. Elles sont tellement voisines des ateliers que l'ouvrier peut, en quelques secondes, se trouver réuni à sa femme et à ses enfants.

L'imprimerie, Madame, est une des professions qui se prêtent le mieux à la constitution et au maintien de la famille. Les travaux y sont tellement variés qu'ils peuvent fournir une occupation lucrative non-seulement au mari, mais encore à la femme, à la fille et aux petits enfants ; aussi peut-on dire qu'ici plus un ménage est nombreux, plus il a d'enfants, plus il est riche.

— C'est là un fait capital, et s'il n'a rien d'exagéré, vous aurez résolu, sans vous en douter peut-être, un des plus difficiles problèmes sociaux de notre époque.

— Je n'ignore pas que, soit par suite de la rareté des mariages, soit par toute autre cause, on a constaté une décroissance affligeante dans notre population [1].

Bâties en pierres de taille, l'air et la lumière y pénètrent par soixante-seize fenêtres percées au midi, au nord et au couchant ; chaque étage contient trois ou quatre logements, dont le prix varie, suivant l'importance, depuis quatre-vingts jusqu'à trois cents francs, chiffres inférieurs de vingt-cinq à trente pour cent au prix des maisons du voisinage.

Les logements se composent ordinairement d'une salle

---

[1] « Autrefois, disait récemment à l'Académie de médecine l'honorable directeur de l'Assistance publique, M. Husson, autrefois, c'est-à-dire avant 1789, on comptait cinq enfants pour un mariage ; au commencement de ce siècle, il naissait encore plus de quatre enfants (4.20) par union légitime ; aujourd'hui, c'est à peine si chaque mariage produit trois enfants dans la France entière, et, à Paris, on ne compte qu'un peu plus de deux enfants par ménage. » Cette diminution de la fécondité des unions françaises est le signe d'un affaiblissement moral évident.

à manger, d'une cuisine très-claire avec fourneaux et évier, et d'une chambre à coucher, le tout convenablement décoré. Des fontaines placées au bas des maisons sont à la disposition des locataires.

Tous les agencements accessoires des appartements bien distribués sont placés à chaque étage, et permettent de maintenir les habitations dans les conditions d'hygiène

et de propreté indispensables à la santé des locataires. Quarante et un ménages sont confortablement installés dans les deux maisons, et leur proximité de l'atelier permet à chaque ouvrier de venir prendre chez lui ses repas et de se délasser auprès de sa famille pendant les heures où le travail est interrompu. L'ouvrier apprend ainsi à aimer son intérieur, la société de sa femme et de ses enfants. Celui qui est habitué au mouvement physique et qui ne peut rester sans rien faire, a de l'espace pour se remuer, de l'air pour respirer; il se plaît dans un appartement commode, gai et vaste. Combien sont chassés de chez eux parce qu'ils s'ennuient dans un taudis de quelques pieds carrés, où ils ne savent que faire, où pleurent les enfants et où il leur est impossible de se mouvoir ! La plupart des logements ont la jouissance d'un petit jardin qui, indépendamment du produit des arbres fruitiers, suffit pour fournir des légumes au ménage.

Chaque maison est placée sous la surveillance d'un délégué nommé par les locataires. C'est lui qui reçoit les observations et assure l'ordre. Un règlement est affiché à tous les étages. Des prix sont décernés au logement et au ménage qui ont été le mieux tenus. Ces locations sont très-recherchées et toujours demandées à l'avance. La préférence est naturellement accordée au plus laborieux. Malgré les sévères prescriptions qui concernent l'ordre et la propreté, jamais le plus petit nuage de discorde ne s'est élevé entre les locataires.

Le grand malheur de l'ouvrier, c'est son isolement. Obligé de travailler du matin au soir, souvent aux prises avec le besoin, il n'a guère de rapports qu'avec ses camarades, dont la situation ne vaut pas mieux que la sienne. Il n'a pas le temps de cultiver ces relations de société, qui, dans la classe bourgeoise, deviennent pour l'individu déclassé une ressource et presque un capital. Sans héritage, sans épargne, exposé à la maladie, directement atteint dans ses conditions d'existence par les progrès de la science, qu'il ne connaît pas, et par ceux de l'industrie, qu'il ne peut prévoir, l'ouvrier mène une vie rude, difficile, sujette à mille traverses ; il se voit en butte aux atteintes de mille ennemis, contre lesquels n'existent pour lui ni abri ni refuge.

La maison ouvrière, bien comprise, en lui donnant des habitudes d'ordre, de moralité, est l'unique remède contre cette situation précaire, qui n'est pas seulement un malheur pour lui, mais qui constitue un danger social. De son côté, le patron gagne par là de meilleurs ouvriers, plus rangés, plus laborieux, plus sédentaires. Ici tous se connaissent, puisqu'ils passent leur vie dans les mêmes ateliers : les dimanches et les fêtes, le soir, ils se retrouvent encore côte à côte aux jardins dont ils ont la jouissance, à la bibliothèque, à l'orphéon, dont je vais, dans un instant, vous entretenir. Nos maisons sont de petites républiques régies paternellement.

Intéressés par leur participation au succès des affaires, les ouvriers aiment la maison pour elle-même et comme si elle leur appartenait. Dès qu'il y a un malade, on lui vient en aide; il est soigné et veillé. Chacun est heureux de cette mutuelle protection qu'il trouve au milieu de la grande famille professionnelle dont il est entouré. Il est initié à l'esprit de corps par les relations agréables et les ressources utiles que lui procure l'association. Nos maisons deviennent ainsi le centre de nouvelles corporations, sans aucun des inconvénients qui se rattachaient aux anciennes.

D'un côté, les devoirs de la famille et la puissance des sentiments de la fraternité; de l'autre, les bons exemples dont l'ouvrier est entouré, le rendent meilleur, et peuvent, sinon corriger ses mauvais instincts, du moins les maintenir dans de certaines bornes. L'homme ne quitte plus la voie du bien une fois qu'il y est entré et quand il a éprouvé que, par la régularité de sa conduite, la persévérance de son travail, il améliore son sort, celui de sa famille, et s'entoure d'un bien-être croissant. L'enfant, si souvent maltraité quand il vit loin de ses parents, qu'il finit par considérer, plus tard, comme des étrangers, trouve dans la vie commune des affections qui lui deviennent chères. Notre industrie a cela d'heureux, que plus la famille est nombreuse, plus elle est appelée à prospérer et porte en quelque sorte avec elle des éléments de bonheur.

— Je vois que vous avez reconstitué ici deux grandes choses : l'*association* sur une large échelle, car c'est par là seulement qu'elle peut produire tous ses fruits et ennoblir l'intérêt individuel ; l'*esprit de famille*, qui sert à réformer l'homme, à rendre son travail attrayant, et à lui faire préférer son intérieur aux distractions dangereuses du dehors. La fusion du cœur et des intelligences dans un noble but est la mère des grandes choses. Élargissez encore ce cercle. La reconstitution de la famille ouvrière est une tâche que l'époque présente doit accomplir, si elle veut conserver son titre de siècle de la civilisation.

— Ajoutez, Madame, qu'une fois constituée, la famille tendra à se perpétuer ; c'est la loi naturelle et constante dans tous les pays, à toutes les époques. La famille sera d'autant plus durable que nous l'aurons fondée sur l'association du travail. Les enfants, n'ayant jamais quitté le toit paternel, pourront, pour la plupart, y demeurer même après le mariage, et nous espérons bientôt être en mesure d'encourager ces unions de travailleurs des deux sexes, en leur fournissant de petites dots. Déjà nous avons vu, depuis quarante années, trois générations d'ouvriers se succéder dans notre imprimerie de Paris, et nous n'avions pas alors tous les éléments de bien-être qui peuvent aujourd'hui leur être offerts. Nous espérons ainsi réaliser la pensée d'un éminent écrivain [1] en formant des *familles souches,* qui deviendraient les véritables colonnes de notre établissement.

Notre organisation n'a pas d'autre but : nous voulons que le travailleur doué d'une intelligence supérieure puisse trouver, ici même, à améliorer successivement sa situation ; nous cherchons à grandir nos collaborateurs, à utiliser toutes leurs forces morales, en les dirigeant vers un but élevé, car nous savons que l'ouvrier ne vit pas seulement de la vie matérielle, et que lui aussi a besoin de satisfaire un légitime orgueil.

C'est dans le but de solliciter son initiative que nous faisons nommer chaque année des délégués nouveaux, afin d'en associer le plus grand nombre possible aux détails de la direction. Enfin, ce qui doit particulièrement plaire à l'ouvrier, c'est que sa liberté reste entière, qu'il peut quitter à sa volonté, à son heure, l'atelier, en emportant l'argent de son livret ; situation préférable sans doute aux embarras d'une maison qui le tiendrait dans une sorte de servage, et pourrait lui rester sur les bras, s'il venait à quitter le pays.

[1] Le Play.

— Tout cela me semble fort bien entendu. Je conçois d'ailleurs que l'ouvrier n'use point de cette liberté entière que vous lui laissez de disposer de lui. Comment n'aimerait-il pas une maison où il se trouve si bien? Où rencontrerait-il une sollicitude aussi empressée pour tout ce qui peut ajouter à son bien-être personnel et au bonheur de toute sa famille?

— Aussi, Madame, nos ouvriers se montrent-ils,

dans toutes les circonstances, pleins de zèle, de sentiment et de reconnaissance. Je me bornerai à vous citer un seul fait.

En 1852, venant d'apprendre que M. Paul Dupont était nommé chevalier de la Légion d'honneur, ils se rendirent spontanément à Saint-Cloud au nombre de plusieurs centaines, pour remercier le Président de la

République. Le prince était absent. Ils attendent patiemment son retour, et une fois admis en sa présence, ils lui expriment avec chaleur combien ils étaient heureux de cette distinction accordée à un patron qui n'avait jamais laissé échapper une occasion de leur faire du bien.

Ce qui manque le plus souvent à l'ouvrier, dont le travail constant épuise les forces, c'est une bonne alimentation. Si la femme et les enfants sont occupés à l'atelier dans la journée, le pot-au-feu ne peut pas être bien soigné. Fait en petit et isolément, non-seulement il est médiocre, mais il coûte cher. C'est pour obvier à ce grave inconvénient, et aussi dans le but d'attacher davantage encore l'ouvrier à son intérieur, que nous avons installé, dans une de nos maisons, un réfectoire qui a le précieux avantage d'affranchir les sociétaires des exigences des restaurateurs voisins, en leur procurant à bon marché une nourriture abondante et saine.

L'entrepreneur, qui est un de nos camarades, présente toutes les garanties désirables. Le nombre et la nature des plats qu'il s'oblige à tenir préparés sont déterminés à l'avance; les prix en sont bien inférieurs à ce qu'ils coûteraient dans le ménage.

La femme mariée, en quittant l'atelier, trouve ainsi un excellent bouillon tout préparé, qu'elle emporte chez elle, afin de prendre son repas en famille. L'ouvrier célibataire, qui n'a pas d'intérieur, peut se faire servir dans une des deux salles. Le réfectoire constitue pour ceux qui le fréquentent une véritable société. Ce sont des associés qui font préparer leurs aliments dans une cuisine commune, aliments qu'on apporte à leur domicile, ou qu'ils consomment sur place.

— Ne croyez-vous pas que l'ouverture de cette espèce de restaurant présentera plusieurs inconvénients? N'est-il pas à craindre que l'ouvrier, ayant fait un bon repas, ne s'inquiète peu de ce qu'auront mangé sa femme et ses enfants, et qu'il ne déserte ainsi son intérieur? D'un autre côté, pourquoi enlever à la femme les soins d'intérieur, qui consistent à préparer le repas de son mari, et à le partager avec lui?

— Ma réponse est facile. D'abord, en ce qui concerne la femme, il ne me paraît pas indispensable qu'on en fasse la cuisinière de son mari : toutes les bonnes femmes ne sont pas des cordons bleus. Rien ne l'empêche, d'ailleurs, et cela arrive souvent, de dîner au restaurant, avec son mari et ses enfants.

Les mets ne sont vendus qu'aux personnes attachées à l'atelier, et jamais à celles du dehors. S'il était nécessaire de soustraire le travailleur aux prétentions des débitants des environs, on ne devait rien faire au delà; on ne devait pas surtout créer une concurrence nuisible à leurs intérêts. L'ouvrier, d'ailleurs, reste parfaitement libre de prendre sa nourriture là où il le juge convenable.

Le réfectoire et la cuisine sont tenus avec une propreté très-recherchée, et qu'on pourrait même appeler luxueuse. Les murs, les tables, les planchers, tout est net et luisant. Toutes les pièces de service sont en porcelaine.

Grâce à des concessions faites sur le loyer, les prix que nous avons obtenus pour chaque mets restent les mêmes, soit que l'on consomme sur place, soit qu'on se fasse servir chez soi.

Les habitués se font une loi d'observer entre eux la politesse et l'aménité. Comme le restaurant ne reçoit que des associés, habitués à se voir chaque jour, n'ayant aucun motif de mésintelligence ou de jalousie, il est inutile d'ajouter que jamais il n'y a de dispute. Même quand les deux salons sont pleins, il y règne le plus complet silence. Les conversations se tiennent à demi-voix, comme dans les salons les mieux ordonnés.

Deux délégués, nommés par les ouvriers, ont la surveillance de l'établissement. Les chefs de service, notre patron lui-même, viennent souvent s'asseoir à côté des convives, pour partager le repas commun, s'assurer de l'état des choses, et fortifier par leur présence les bonnes habitudes.

La comptabilité est des plus simples : des jetons de couleurs diverses remplacent la monnaie, et représentent le prix des mets.

Deux avantages importants sont attachés à ce mode de payement. L'ouvrier ayant obtenu l'avance d'un certain nombre de jetons, cette avance garantit pendant toute la quinzaine l'alimentation de sa famille, et en même temps le force à l'économie. En effet, les jetons, mis de côté, représentent un argent qui ne peut être affecté à aucun autre emploi : ils constituent ainsi une véritable épargne, et l'épargne, c'est la vertu dans les familles ouvrières.

— Vous avez réalisé tous les perfectionnements qu'on peut imaginer. Donner de l'occupation dans le même local au père, à la mère, aux enfants ; leur fournir un appartement sain et à bon marché, dans lequel ils se plaisent ; une cuisine économique qui améliore leur nourriture et en abaisse le prix, tout en conservant à la famille la liberté des repas pris en commun, et cela indépendamment de l'école, de la Société de secours, des retraites, et d'une participation à l'administration des affaires : que demander de plus à un chef d'industrie ?

Mais ne seriez-vous pas allé un peu loin ? Ne craignez-vous point d'être accusé de flatter les ouvriers et d'appliquer en leur faveur des idées socialistes ?

— On nous a déjà adressé ce reproche, et il ne nous a pas été difficile d'y répondre.

Oui, nous faisons du socialisme, et nous ne nous en cachons pas, persuadés que le socialisme bien compris, loin d'être un épouvantail, est, au contraire, essentiellement conservateur.

Sans doute l'ouvrier a, comme les rois, ses flatteurs, mais nous l'aimons trop pour être de ce nombre. Ceux-là qui veulent l'élever sur une sorte de piédestal, qui jettent dans son esprit des espérances fausses et chimériques, sont ses plus grands ennemis. Ce sont eux qui le poussent aux coalitions, moyen barbare, qui ne laisse à sa suite que la misère pour les coalisés, et la ruine pour l'industrie nationale.

Loin d'être des flatteurs, nous sommes au contraire des amis rigoureux : les lois de notre maison sont justes, mais des plus sévères. Les premiers venus n'y entrent pas; ceux qui y restent ont fait leurs preuves. Nous ne souffrons ni les disputes, ni les injures, ni l'inconduite, et c'est déjà un titre que celui d'être ouvrier dans notre imprimerie.

Nous voulons que l'ouvrier soit habile, parce que plus il est habile, plus son salaire est élevé. Nous le voulons rangé, bon père de famille, parce qu'il donnera de meilleurs exemples dans son intérieur; que sa femme sera plus heureuse, que ses enfants, nos futurs ouvriers, recevront une meilleure éducation.

Nous faisons nos efforts pour qu'il soit religieux, parce que la religion, qui ordonne d'aimer son prochain comme soi-même, est la source de toutes les vertus.

Le bien-être dont nous l'entourons, nos efforts pour ajouter à sa prospérité, sont à ce prix.

Les maisons ouvrières ne doivent rien laisser à désirer de ce que réunissent, en fait de confortable et d'heureux agencement, les appartements des classes riches. Les nôtres devaient donc posséder un établissement de bains.

La propreté du corps, du linge, des vêtements, est utile dans toutes les conditions de la vie. Elle l'est surtout pour l'ouvrier, qui travaille dans une atmosphère imprégnée d'émanations délétères et de poussières méphitiques.

Non-seulement la propreté assure la santé, mais on peut la considérer, au point de vue moral, comme le reflet des habitudes et de la conduite. C'est donc compléter l'amélioration physique et morale du travailleur que de mettre à sa portée des moyens faciles et peu coûteux de tenir propre tout ce qui touche à sa personne.

Les bains sont placés à côté de la chaudière à vapeur, afin qu'une partie de l'eau chaude, jusqu'alors perdue, puisse être utilisée à peu de frais. L'entrée dans ces bains coûte quinze centimes.

Nous nous proposons d'établir, à côté des bains, un lavoir alimenté également par les eaux chaudes de la machine à vapeur, où se trouveront installés un pressoir et tous les engins destinés à égoutter le linge et à le repasser sans le tordre.

DISTRACTIONS.

BEAUCOUP de travail : c'est là ce qu'on peut souhaiter de mieux à toutes les industries. Mais à la fin d'une semaine bien occupée, l'ouvrier doit prendre un peu de repos, dans l'intérêt même de sa santé. Cette vaste salle où nous entrons a plusieurs destinations, qui toutes ont un droit égal à vos sympathies. Elle sert de bibliothèque ou salon de lecture; c'est là que se tiennent l'*Ouvroir*, les *Conférences typographiques*, et d'autres *Cours instructifs*, le *Salon de récréation*, l'*Orphéon et la Fanfare*.

La Bibliothèque, placée sous le patronage d'un comité

de trois délégués choisis parmi nous, n'est pas seulement destinée aux ouvriers de l'établissement, mais encore aux populations de Clichy et de Levallois. Le dimanche, de huit heures à onze heures du matin, le bibliothécaire se tient à la disposition du public. Ses fonctions consistent à prêter les volumes et à réintégrer à leur place ceux qui ont été pris la semaine précédente. Les prêts se font de la manière la plus simple : un registre spécial, divisé par colonnes, intitulé *registre des prêts,* sert à l'inscription des livres qui sortent. L'emprunteur signe en marge, dans une case réservée. Lorsque les volumes sont rapportés, on s'assure qu'ils sont rendus en bon état, et on efface l'enregistrement et la signature.

Sur un second registre sont inscrites les entrées des ouvrages nouveaux ; un catalogue général, toujours tenu au courant, permet de trouver instantanément les volumes dont le prêt est demandé.

La fondation de cette bibliothèque a coûté si peu, que je crois devoir signaler, pour l'édification des personnes qui se proposeraient de créer des institutions semblables, le détail des dépenses faites.

Le nombre des volumes est de trois cents : la plupart nous ont été donnés [1] ; mais s'ils eussent été achetés,

---

[1] Parmi les donateurs, il faut citer MM. Michel Lévy, Hachette, Boulanger et Legrand, Gaume frères et Dupray, Giraud, etc. Le Ministre de l'intérieur nous a envoyé cent volumes. Nous attendons d'autres envois, car beaucoup de personnes n'ont pas encore répondu à notre appel.

— 253 —

ils auraient coûté, en moyenne, un franc l'un, soit trois cents francs.

Les trois corps de bibliothèque peuvent contenir chacun deux cents volumes; ils ont coûté cent cinquante francs, bien qu'ils soient établis presque élégamment. En ajoutant cinquante francs pour le tapis de serge et le mobilier, on arrive à une dépense de cinq cents francs, somme bien peu importante pour un si grand service rendu aux ouvriers de la maison et aux habitants des communes voisines.

Pour de petites localités, où cent volumes suffiraient provisoirement, ils pourraient être contenus dans un seul meuble, et alors la dépense n'atteindrait pas cent cinquante francs.

Dans la salle se trouvent des chaises, deux pupitres, des plumes et du papier, quelques journaux. Sur les murailles vous voyez appendus des tableaux d'étude, des dessins, des cartes. Dans les rayons on trouve depuis les livres élémentaires jusqu'aux ouvrages ayant trait aux matières industrielles ou scientifiques, tels que livres de chimie, de physique, de mathématiques, de géométrie, de mécanique. Tout cela est à la disposition de tous, car il faut que le jeune ouvrier puisse compléter son éducation sans interrompre son travail.

— C'est une heureuse idée d'occuper les loisirs de l'ouvrier par le charme du chez-soi, par les habitudes de famille et par l'attrait de la lecture.

— Il y a une chose, Mesdames, qui a dû vous frapper lors de la première visite que vous avez faite dans cet établissement, c'est la multitude de détails avec lesquels chacune des personnes employées ici doit se familiariser. Sans doute, la fonction est propre à celui qui la remplit, et il n'est astreint à posséder que les connaissances nécessaires à l'exercice même de cette fonction ; cependant, il est indispensable, pour se distinguer dans la pratique d'une profession quelconque, de savoir, au moins superficiellement, tout ce qui s'y rapporte, et d'avoir des notions sur les arts qui se groupent autour d'elle et en sont le complément.

C'est pour atteindre ce but que les *Conférences typographiques* ont été instituées. Elles ont notamment pour objet de faire naître chez nos camarades l'amour de leur profession, d'encourager l'esprit de progrès qui doit être apporté dans tous les travaux, et ce désir du bien, cette recherche du perfectionnement, qui passionne et enthousiasme tous les bons ouvriers, transforme le travailleur ordinaire en artiste, et ouvre à son imagination des horizons nouveaux où il puisera de fécondes inspirations.

Comme j'ai eu déjà l'occasion de vous le faire remarquer, l'imprimerie a subi depuis quelques années une grande révolution. Nous ne sommes plus au temps où la production d'un livre absorbait la moitié de la vie d'un imprimeur. Pas une feuille, pas une page qui ne passât alors sous ses yeux et ne fût revue par lui, ligne par ligne ; car cet imprimeur était presque toujours un homme de grande érudition, capable de consulter et d'expliquer les textes grecs et latins, souvent altérés. Aujourd'hui, on imprime un volume en un jour, et la vapeur est accusée de lenteur; le chef d'une imprimerie ne peut rien voir par ses yeux, et force lui est de s'en rapporter à cette armée de protes, de correcteurs, de compositeurs, de conducteurs de machines, etc., qui remplissent ses bureaux et ses ateliers. Aussi y-a-t-il pour lui une nécessité plus impérieuse de trouver en eux des hommes instruits et initiés de bonne heure à toutes les pratiques de la typographie. La perfection dans le travail ne s'obtient qu'à des conditions qui ne sont pas à la portée de tout le monde. Il faut chez le travailleur une persévérance que rien ne rebute, et chez le patron un vif sentiment de sa responsabilité. Mais ici, on n'a pas l'habitude de laisser les choses inachevées, et quand une résolution a été prise, elle est exécutée, quelle qu'en soit l'importance, quel que soit l'obstacle qui se dresse devant elle.

Les conférences typographiques ont donc été créées, et comme il s'agissait là d'un intérêt général, on n'a pas voulu restreindre ces cours à l'établissement de Clichy, et on a convié à y assister tous les typographes de Paris et toutes les personnes qui s'intéressent au progrès des arts, et particulièrement de l'imprimerie.

C'est là une véritable école de typographie, où les hommes du monde eux-mêmes trouvent agrément et instruction.

Indépendamment des conférences typographiques, qui ne sont guère suivies que par des ouvriers jeunes et pénétrés de la noble ambition d'avancer, nous avons, le dimanche, des *Cours* sur divers sujets d'économie domestique pratique et de sciences appliquées aux usages de la vie.

Rigoureusement, on ne peut demander à un chef d'industrie qu'une chose, c'est d'occuper son personnel sans lacune. Du moment où il lui a donné un travail constant pendant toute la semaine, sa tâche est accomplie. C'est au clergé à remplir la sienne le septième jour, en tâchant de s'emparer de l'ouvrier le dimanche, en l'intéressant et le captivant, afin de le sauver ainsi de la journée la plus difficile et la plus dangereuse à passer pour lui.

Si l'ouvrier est sage et rangé, s'il aime sa femme et ses enfants, si, par son salaire, il a pu se créer un intérieur agréable, ne soyez pas inquiet sur son compte. Le dimanche ne coûtera rien ni à sa bourse ni à sa santé ; il rentrera le soir, après une promenade et un dîner champêtres, distrait et non fatigué ; le lendemain, il fera une journée complète et fructueuse. Si, au contraire, l'esprit de conduite lui fait défaut, il reste dans les cabarets, y dépense follement une partie de l'argent gagné avec tant de peine pendant la semaine, et les excès auxquels il s'est livré, non-seulement nuisent à sa santé, mais encore le rendent incapable de travailler le lendemain, et quelquefois les jours suivants.

Ces excès sont inconnus ici, parce que nous avons un personnel d'élite et que l'on ne se dérangerait pas impunément deux fois de suite. Cependant, il n'en était pas moins utile de fournir aux ouvriers et à leur famille des distractions pour le dimanche, et c'est dans cette intention que nous avons organisé, ce jour-là, des cours destinés au développement moral et intellectuel de leurs facultés. Il ne suffit pas, en effet, à un chef d'établissement de veiller à satisfaire les besoins physiques de l'ouvrier, de stimuler en lui les pensées d'avenir, le goût de l'épargne, l'amour du chez-soi, les affections de famille, il faut encore qu'il lui donne l'habitude des distractions intellectuelles et des occupations moralisantes, qui, seules, ont le pouvoir de créer, d'exercer les facultés morales de l'homme, d'étendre ses connaissances, et de le relever à ses propres yeux.

Nous espérons, avant tout, que nos cours seront profitables aux jeunes ouvriers, dont ils doivent compléter l'éducation sans interrompre leurs travaux. Chacun d'eux deviendra un membre dévoué et utile de la société, le jour où il sera certain d'être admis à jouir de tous les bienfaits qu'elle promet. Les connaissances essentielles qu'il acquerra feront naître chez lui des principes moralisateurs, et prépareront ainsi à l'avenir des générations plus énergiques, plus indépendantes, par cela même qu'elles seront plus éclairées. Il faut se garder de trop faire pour l'ouvrier : le secourir au delà du nécessaire serait paralyser ses facultés et briser les ressorts qu'il doit trouver en lui-même. Le patronage bien compris doit avoir pour unique but de rendre le patronage lui-même inutile, en diminuant incessamment le nombre de ceux qui ont besoin d'aide.

Après les cours, la bibliothèque servira également, le dimanche soir, de lieu de réunion, avec tous les avantages qu'offrirait un cercle : le feu, la lumière, les livres et les journaux.

— Il est difficile, Monsieur, de mieux traiter les ouvriers qui ont le bonheur de travailler ici, puisque non content d'assurer leur existence par des salaires avantageux, vous complétez leur éducation, et, en développant leur aptitude et leur supériorité, vous les mettez à même de pouvoir, le jour où ils vous quitteront, devenir des chefs dans d'autres industries.

— L'*Ouvroir* a été fondé dans le même but que les divers cours. Les ateliers de femmes exigent une surveillance active et imposent une lourde responsabilité aux chefs d'une maison, car il faut maintenir parmi elles une discipline sévère, et leur inspirer des principes de morale, qui seuls peuvent les préparer à devenir de bonnes mères de famille. Nous en comptons plus de deux cents, dont beaucoup sont de jeunes filles qui viennent de faire leur première communion. Il ne suffisait pas de leur procurer un état lucratif, il fallait encore les entourer d'une sollicitude toute spéciale, et les garantir contre l'oisiveté du dimanche.

Cette préoccupation a donné naissance à l'ouvroir. A quatre heures, le dimanche, après les offices, elles se réunissent autour de cette grande table, pour y travailler en commun à confectionner des vêtements destinés aux pauvres.

Avant de commencer, l'une d'elles dit à haute voix la prière, qui est répétée par toutes les assistantes, puis on se met à l'œuvre. Les plus habiles taillent en pleine pièce, et chaque morceau est ensuite livré à la couture.

Pendant la séance, qui dure deux heures environ, chaque ouvrière lit à tour de rôle une histoire anecdotique qui occupe l'esprit et enlève au travail sa monotonie. L'ouvroir devient ainsi une école.

Quand l'hiver est venu, on prend dans les armoires où ils ont été enfermés les vêtements confectionnés, et ils sont successivement délivrés aux pauvres de la commune. Les jeunes ouvrières remplissent alors le rôle de visiteuses des pauvres, et c'est seulement sur le rapport de deux d'entre elles que la famille désignée est admise à la distribution.

Chaque séance de l'ouvroir est présidée par la femme ou l'une des filles de notre patron, ou une ouvrière qu'elles désignent. Cette assemblée de famille, qui a pour but une œuvre de bienfaisance, a déjà eu, sous tous les rapports, la plus heureuse influence.

Quelques objets de toilette personnelle sont distribués, dans l'année, aux membres de l'œuvre qui ont montré le plus de zèle et d'exactitude.

Dans les familles aisées, on complète l'éducation des enfants, quelque nombreux qu'ils soient, par des arts d'agrément. On leur fait apprendre, notamment, la musique, qui est tout à la fois pour eux une jouissance et un délassement de leurs travaux. Il était naturel que, du moment où nous étions considérés comme les membres d'une même famille, on nous donnât également la distraction de la musique.

Un des professeurs de l'Orphéon de la ville de Paris vient deux fois par semaine faire des *Cours de chant :* l'un consacré aux hommes, l'autre aux femmes. Le cours est gratuit, et tout le monde est admis à le suivre. De temps à autre les élèves se réunissent pour exécuter des chœurs, notamment ceux qui doivent être chantés dans nos assemblées générales.

Nous nous occupons également d'organiser une *Fanfare* pour les jeunes gens qui préfèrent étudier la musique instrumentale. Le concours simultané de ces deux institutions est un des éléments les plus attrayants de nos fêtes annuelles. Il est bon que la sévérité des mœurs soit tempérée par d'utiles distractions.

Dans un établissement comme le nôtre, où fonctionnent toute la journée, et souvent la nuit, des machines à vapeur, où des foyers incandescents sont sans cesse alimentés, soit dans les ateliers de la fonderie, soit pour chauffer les vastes salles, éclairées par la lumière de centaines de becs de gaz, les dangers d'incendie sont fréquents. Les moyens de combattre le fléau destructeur manquaient totalement ici. Nous avons dû les demander à nous-mêmes, et nous avons trouvé une ressource précieuse chez nos jeunes gens : au premier appel qui a été fait à leur bonne volonté, ils se sont empressés de s'organiser en compagnie de pompiers volontaires, sous le commandement des fils de notre patron.

Plusieurs fois déjà des usines voisines, dans lesquelles de graves sinistres avaient éclaté, ont profité du dévouement de ces courageux travailleurs, qui, bravant le danger et n'écoutant que leur cœur, ne marchandent leurs services à personne. Des témoignages de la plus sympathique reconnaissance leur ont été donnés en plusieurs occasions, et ils peuvent se parer avec un certain orgueil des médailles décernées à leur compagnie.

Le service des pompes constitue d'ailleurs un exercice gymnastique aussi salutaire qu'agréable ; il contribue à développer les forces, et ceux qui s'y livrent deviennent en peu de temps agiles et vigoureux.

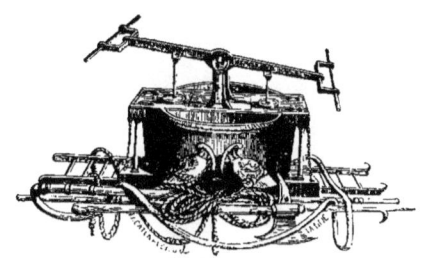

RÉSUMÉ.

Me voici, Mesdames, arrivé à la fin de ma tâche, car je ne veux pas insister sur les projets et les créations nouvelles qui s'élaborent en ce moment dans l'esprit de notre patron.

Pour les femmes, nous nous occupons d'établir des écoles de gravure sur bois et d'écriture sur pierre, et de construire une cité, dont un quartier serait spécialement affecté aux femmes veuves, cité autour de laquelle viendraient se grouper toutes les branches d'industrie qui conviennent à leurs aptitudes : la fabrication des fleurs, des gants, des dentelles. Le prix des logements de cette cité irait chaque année en décroissant.

Pour les jeunes gens nous préparons une caisse d'exonération ;

Pour les jeunes filles, la constitution d'une dot qui leur facilite un établissement convenable.

Pour les enfants, une salle d'asile, tenue par des sœurs, chargées en même temps de donner des soins aux malades, et d'organiser le patronage, déjà commencé, et qui doit être développé.

Pour tous, un fonds commun, constituant en quelque sorte une caisse de chômage, où l'ouvrier privé momentanément de travaux trouverait une ressource supplémentaire assurée.

Une autre caisse de prévoyance sera destinée à maintenir le prix du pain à un taux uniforme, même dans les plus mauvaises années.

Enfin, nos assemblées générales seraient complétées par le tirage d'une loterie de lots variés, livres, objets de toilette, etc.

Ce n'est qu'à l'époque où ce programme sera rempli, que nous croirons avoir réellement atteint notre but.

— Vous avez fini, Monsieur, votre philanthropique odyssée, et, vous le voyez, nous écoutons encore.

N'est-ce pas la meilleure preuve de l'intérêt que nous avons pris à un récit qui soulève à la fois une question économique et des questions morales de l'ordre le plus élevé? Pour ma part, je suis tellement pénétrée de ce que vous venez de nous dire, qu'il me serait possible d'en faire l'analyse en quelques mots, et sans en rien omettre.

— Parlez, Madame, je vous prie.

— Voici, dans ma pensée, comment se résume votre belle organisation :

Considérant tous vos ouvriers comme des frères, vous avez voulu que peines et profits fussent communs entre vous... De là l'*association* et la *participation aux bénéfices*.

Persuadé que l'associé a le droit de connaître la marche et la situation des affaires dans lesquelles il est intéressé, d'expliquer sa pensée, de donner ses avis, ses conseils, et que le contact des hommes entre eux peut seul élever les idées et créer les grandes choses, vous avez institué des *assemblées générales* et la *représentation par des délégués*.

L'isolement, le manque de capitaux, sont une barrière infranchissable à la création d'entreprises importantes ; on ne peut les réaliser qu'en s'unissant et en groupant les petites sommes partielles... Cet obstacle a disparu devant la *caisse commune*, dans laquelle chacun peut, sur sa simple parole, puiser la somme dont il a besoin momentanément.

La santé, l'avenir de sa famille, sont pour l'ouvrier une préoccupation de chaque jour, qui paralyse ses forces productives... Vous l'avez affranchi de ces inquiétudes par la *caisse de secours*, les *soins médicaux*, les *pensions de retraite*.

Les femmes, dont la situation précaire est digne du plus vif intérêt, se voyaient, dans la plupart des professions, et notamment dans l'Imprimerie, privées du droit de travailler... Vous avez combattu ce préjugé barbare en ouvrant à leur belle organisation et à leurs aptitudes une *nouvelle et fructueuse carrière*, à côté de laquelle vous avez placé des *écoles* destinées à compléter leur instruction.

L'ordre, l'économie, les bons sentiments, en un mot le véritable bonheur, se trouvent principalement au sein du foyer domestique et dans l'union des membres qui composent le ménage... Vous avez aidé à constituer les *famille ouvrières*, en les entourant de tout le bien-être possible.

Enfin, persuadé que l'ouvrier ne devait pas vivre seulement de la vie matérielle du travail, qu'il lui fallait aussi les jouissances de l'esprit et les distractions de l'intelligence, vous avez fondé les *bibliothèques*, les *conférences* instructives, les *écoles de chant*.

Tel est, Monsieur, le résumé rapide et cependant complet à mes yeux que je vous avais annoncé. J'aurais pu le rendre plus court encore et non moins exact, en me bornant à ce seul mot, qui devrait être la devise de chaque chef d'industrie : *Faire de ses ouvriers des amis.*

Nous ne voulons pas prendre congé de vous, Monsieur, sans vous remercier des détails que vous nous avez donnés avec tant d'obligeance. Plaise à Dieu que vous trouviez beaucoup d'imitateurs! Après avoir conquis le bonheur pour soi-même, est-il rien de plus doux que d'avoir contribué à celui des autres en leur donnant un salutaire exemple?

— Ce vœu, Madame, sera accompli avant peu, n'en doutez pas. L'Exposition universelle va bientôt s'ouvrir, et ce magnifique concours, entre tous les peuples du monde, permettra de voir, de juger, et de comparer ce qui a été fait de plus perfectionné en faveur des classes ouvrières. Un tel spectacle ne sera point perdu, et il aura pour résultat certain de mettre au cœur de tous une sainte et noble émulation.

PRÉCIS HISTORIQUE

sur

L'IMPRIMERIE

SON ORIGINE. — SON DÉVELOPPEMENT.
SA SITUATION ACTUELLE.

Le progrès successif des connaissances humaines peut être divisé en trois phases importantes : le *Langage*, qui donne aux hommes le moyen d'exprimer et de communiquer leurs pensées par l'organe de la parole ; l'*Écriture*, qui, par des signes conventionnels, devient l'organe de la parole ; l'*Imprimerie*, qui, en multipliant à l'infini les signes représentatifs de la pensée, la rend elle-même impérissable.

Sans doute l'écriture permet de parler aux absents et de conserver des documents qui pourraient s'oublier ou s'altérer si on ne les confiait qu'à la mémoire.

Mais les résultats en sont infiniment restreints si on

les compare aux innombrables reproductions typographiques.

Aussi, quelque multipliées qu'en fussent les copies, la plupart des œuvres de l'antiquité savante ont-elles péri dans la suite des siècles et des vicissitudes qu'il leur a fallu traverser. Nous n'en possédons qu'une faible partie, souvent incomplète ou tronquée.

D'ailleurs, la transcription des livres, à laquelle les moines se livrèrent avec une louable ardeur pendant la période du moyen âge, était un procédé aussi long que dispendieux. La rareté et la cherté des manuscrits ne les mettaient pas à la portée de tout le monde; elles entravaient les développements de l'intelligence et l'empêchaient de prendre son essor; de sorte que la science de cette époque n'était accessible qu'à un petit nombre de personnes : les masses restaient dans l'ignorance.

Tel était l'état de l'Europe lorsque l'Imprimerie apparut dans le monde.

« La découverte de l'Imprimerie, dit M. Ambroise-Firmin Didot, sépare le monde ancien du monde moderne; elle ouvre un nouvel horizon au génie de l'homme, et, par son rapport intime avec les idées, semble être un nouveau sens dont nous sommes doués. Une immense différence la distingue des autres grandes découvertes de la même époque, la *poudre à canon* et le *Nouveau Monde;* celle même qui nous est contemporaine, la *vapeur,* ne saurait lui être comparée. En effet, ces grandes et utiles découvertes n'ont agi que sur la partie matérielle de l'humanité..., tandis que l'Imprimerie, qui n'a pas encore achevé sa mission d'éclairer le monde sans l'incendier, élève le niveau de l'intelligence humaine, et nous rapproche de cette souveraine intelligence que Dieu a départie à l'homme en le créant à son image. »

L'Imprimerie ou la Typographie est l'art de reproduire l'empreinte de lettres ou de caractères mobiles en relief, soit sur le papier, soit sur toute autre matière destinée à la recevoir.

Après l'écriture, rien n'était plus propre que l'Imprimerie à conserver la pensée humaine et à la transmettre aux générations futures sous une forme à la fois rapide, élégante, correcte et répétée indéfiniment.

Tous les monuments des arts périssent à la longue. Les tableaux, les statues, les édifices se dégradent et tombent en ruine ; il n'est pas un seul de nos manuscrits qui ne soit incessamment menacé d'une destruction irréparable par l'incendie et par bien d'autres catastrophes qui ont anéanti une foule d'ouvrages de l'antiquité. Mais les écrits multipliés et toujours renouvelés par l'impression, sans qu'une copie le cède à l'autre, reçoivent une sorte d'existence permanente et dureront autant que le monde.

C'est le sort ordinaire des grandes inventions d'être en butte aux attaques de l'envie ou de la critique. On cherche à en atténuer le mérite, à en ravir la gloire à l'auteur et au pays.

Il en a été ainsi de l'Imprimerie.

On l'a représentée comme une réminiscence de ce qui s'était pratiqué dans les temps anciens, ou comme un art importé de la Chine en Europe.

L'antiquité ne connaissait, en général, que la transcription des livres pour en multiplier les copies. Les empreintes faites avec des cachets, des estampilles, des patrons découpés; la gravure sur bois ou sur métal, en relief ou en creux, tout cela n'est pas l'art typographique, qui consiste essentiellement dans l'emploi de caractères mobiles.

Quant aux Chinois, ils pratiquent depuis plus de mille ans, l'impression tabellaire, c'est-à-dire exécutée au moyen de planches de bois sculptées; ils tentèrent même l'emploi des caractères mobiles, mais n'y réussirent pas, et loin d'avoir transmis l'Imprimerie à l'Europe, c'est d'elle, au contraire, qu'ils ont appris la Typographie véritable.

On doit cependant regretter que les méthodes usitées en Chine soient restées inconnues dans nos contrées; elles y auraient sans doute accéléré la découverte de l'Imprimerie. Mais l'Occident n'avait alors aucune relation avec cet empire éloigné.

La xylographie ou gravure sur bois ne fut pratiquée en Europe que vers la fin du quinzième siècle. On l'appliqua d'abord à la fabrication des cartes à jouer, à l'impression d'images accompagnées de textes, enfin on imprima par ce procédé quelques livres d'école, tels que la *Grammaire* de Donat, le *Vocabulaire Catholicon,* etc.

Ces travaux xylographiques, quoique bien imparfaits, furent certainement le prélude et le point de départ de la Typographie.

En effet, pour transformer en caractères mobiles ces caractères fixes sculptés en bois sur une planche, il ne s'agissait que de les couper, de les isoler. Il n'y avait qu'un pas à faire pour arriver à l'art, et cependant il s'écoula encore bien des années avant que ce pas fût franchi. L'emploi du métal et la fonte des caractères ne tardèrent pas à compléter cette admirable découverte.

C'est ainsi qu'on passa des tables gravées sur bois aux lettres de bois détachées; de celles-ci aux lettres sculptées en métal; enfin, des lettres sculptées aux caractères moulés.

Telle fut l'origine, tels furent les développements de la plus belle et de la plus grande invention des temps modernes.

Après les attaques contre l'invention elle-même, sont venues les contestations sur le lieu où elle avait commencé et sur le nom de l'auteur.

Si autrefois sept villes se sont disputé l'honneur d'avoir donné naissance à Homère, on en compte vingt qui ont prétendu avoir été le berceau de l'Imprimerie.

Nous n'en citerons que trois entre lesquelles le litige paraît encore exister : Mayence, Strasbourg et Harlem.

Les preuves les plus péremptoires, les monuments les plus authentiques attestent que Gutenberg et ses associés firent paraître à Mayence les premiers livres imprimés, de 1450 à 1455.

Mais d'après une antique tradition, appuyée également sur des preuves incontestables, la première idée de l'Imprimerie fut conçue par Gutenberg, vers 1438, à Strasbourg. C'est dans cette ville qu'il fit ses premiers essais, et c'est là aussi, selon quelques auteurs, qu'il aurait employé des caractères mobiles et métalliques.

Les pièces d'un procès qu'il eut en 1439 semblent confirmer cette assertion.

Au reste, soit qu'on donne la priorité à Mayence, soit qu'on l'accorde à Strasbourg, c'est toujours au même homme, à Gutenberg, que l'invention de l'art typographique est attribuée.

L'imprimeur Ulrich Zell, l'historien Mathias Palmieri, l'abbé Trithème, tous trois contemporains, l'attestent formellement.

Quant aux prétentions de la ville de Harlem, en faveur de Laurent Coster, elles n'ont été élevées que cent trente ans après la mort de Gutenberg. Cette revendication tardive et les circonstances fabuleuses dont on l'entoure en démontrent assez la fausseté.

Malgré les efforts de l'envie, Gutenberg sera toujours considéré à juste titre comme le véritable inventeur de l'Imprimerie.

Cet homme d'immortelle mémoire naquit à **Mayence**, dans les premières années du quinzième siècle. Venu de bonne heure à Strasbourg, il y fit, comme nous l'avons dit, ses premiers essais d'impression, qui épuisèrent toutes ses ressources. Étant retourné à Mayence, il s'associa avec un riche banquier de cette ville, nommé Fust, auquel il confia son secret, et, de concert, ils imprimèrent d'abord quelques ouvrages en caractères fixes et sculptés sur bois; puis ils employèrent des caractères mobiles en bois ou en métal, et même fondus par un procédé que Gutenberg avait inventé; mais Schœffer, habile calligraphe qu'ils avaient admis dans leur association, trouva un moyen plus rapide de fondre les caractères, en gravant des poinçons pour frapper les matrices. Fust en éprouva tant de satisfaction qu'il donna sa fille ou sa petite-fille Christine en mariage à Schœffer.

Le premier ouvrage en caractères mobiles et fondus sorti des presses de Mayence fut une Bible latine, imprimée de 1450 à 1455.

Les dépenses considérables qu'entraîna cette impression donnèrent lieu à un procès entre les associés. Fust exigea le remboursement des sommes qu'il avait avancées à Gutenberg, et celui-ci fut contraint de lui abandonner son établissement, que Fust et Schœffer continuèrent d'exploiter à leur profit.

Gutenberg ruiné, mais non découragé, fonda un nouvel atelier typographique.

Dans les dernières années de sa vie, il fut attaché à la maison de l'électeur de Mayence, Adolphe II, et mourut dans cette ville en 1468. Son épitaphe le proclame l'inventeur de l'art de l'Imprimerie *(artis impressoriæ inventorem),* titre que tous les historiens contemporains lui reconnaissent et qui ne lui fut contesté que longtemps après sa mort.

Sans doute il serait injuste d'oublier ses deux collaborateurs Fust et Schœffer, dont l'un par sa bourse, et l'autre par son intelligence, lui prêtèrent un puissant concours.

Tous les trois ont bien mérité des sciences, des arts, des lettres et du monde entier. Si l'intérêt les divisa pendant leur vie, la postérité les a réunis dans un même sentiment d'admiration et de reconnaissance.

En 1837, la ville de Mayence a élevé une statue en bronze à Gutenberg, avec l'argent recueilli dans toute l'Europe, et en 1840, une autre statue lui fut érigée par la ville de Strasbourg.

Pendant quelques années l'Imprimerie fut concentrée à Mayence, et l'on dit que Fust faisait prêter serment à ses ouvriers de ne point divulguer les procédés typographiques, afin de pouvoir vendre les livres imprimés comme des manuscrits, c'est-à-dire à des prix très-élevés. On ajoute qu'il pratiqua cette manœuvre lors d'un voyage qu'il fit à Paris, et qu'étant accusé d'escroquerie et même de sorcellerie, il fut obligé de s'enfuir; mais ce récit ne paraît guère probable.

D'ailleurs, à l'époque où l'on suppose que ce voyage eut lieu (1463), l'Imprimerie n'était déjà plus un mystère. Les troubles survenus à Mayence en 1462 avaient dispersé les ouvriers de cette ville, qui portèrent l'art typographique dans les différentes contrées de l'Europe. Fust, lui-même, vint à Paris en 1466, y vendit ses livres imprimés sans être inquiété, et, dit-on, il y mourut de la peste.

La propagation de l'Imprimerie fut rapide. Vingt ans s'étaient à peine écoulés depuis son invention qu'elle était déjà établie et pratiquée, non-seulement en Allemagne, mais en Italie, en France, en Suisse, dans les Pays-Bas, en Angleterre, en Espagne, etc.

L'élan était général; partout la Typographie naissante était accueillie avec empressement : les papes, les évêques, les rois, les princes, tous les personnages distingués s'honoraient d'en être les protecteurs. On montait des imprimeries dans les monastères, dans les palais des grands.

Dès qu'on fut assuré que, grâce à cet art merveilleux, les fruits de longs travaux seraient désormais à l'abri des injures du temps, une incroyable émulation s'empara des esprits. On exhuma du fond des cloîtres, de la poussière des bibliothèques, une foule de manuscrits grecs et latins pour les livrer à l'impression. Alors revirent la lumière des chefs-d'œuvre de la science, de l'éloquence et de la poésie antique qui avaient disparu depuis des siècles et auxquels s'ajoutèrent bientôt les productions de l'érudition et de la littérature modernes.

Un événement qui tient une place considérable dans les annales du monde, la chute de l'empire d'Orient, coïncida avec l'invention de l'Imprimerie. Après la prise de Constantinople par Mahomet II (1452), un grand nombre de savants orientaux refluèrent en Occident, où ils trouvèrent une généreuse hospitalité. C'est principalement à ces illustres fugitifs qu'on doit la restauration de l'étude de la langue grecque, qui avait été très-négligée pendant le moyen âge.

Nous ne rappellerons pas ici la marche progressive de l'Imprimerie chez toutes les nations ; ces détails nous entraîneraient trop loin. Nous nous bornerons à retracer succinctement l'historique de l'Imprimerie en France, depuis son introduction dans ce pays jusqu'à nos jours.

En 1458, dès le premier bruit de la découverte de l'Imprimerie, Charles VII envoya à Mayence Nicolas Jenson, graveur de la monnaie de Tours, pour y étudier le nouvel art ; mais Jenson ne dota point sa patrie des connaissances qu'il avait acquises ; il alla s'établir à Venise.

Guillaume Fichet et Jean de la Pierre, docteurs de Sorbonne, voulant fonder un atelier typographique à Paris, y appelèrent trois imprimeurs allemands, Ulrich Géring, Martin Krantz et Michel Friburger, qui installèrent leurs presses dans les bâtiments de la Sorbonne et commencèrent leurs travaux en 1470. Les *Épîtres* latines de Gasparin de Pergame qu'ils mirent au jour sont regardées comme le premier livre imprimé à Paris et même en France. Il est en caractères ronds, dits romains; on y remarque plusieurs imperfections, des lettres, des mots à demi formés, mais ces imperfections, qui tenaient à l'enfance de l'art, disparurent bientôt, et les éditions que ces imprimeurs firent dans la suite se recommandent par la beauté de leur exécution.

En 1474, Louis XI accorda des lettres de naturalisation à Géring et à ses deux associés. Il montra encore sa bienveillance pour l'Imprimerie en faisant restituer à Pierre Schœffer et à Conrart Hannequis de Mayence le prix des livres qui avaient été confisqués et vendus par droit d'aubaine, après la mort d'un de leurs facteurs non naturalisé en France.

Krantz et Friburger retournèrent en Allemagne vers 1478; Géring resta à Paris, où il continua ses travaux typographiques, et imprima un grand nombre d'ouvrages. Il mourut le 23 août 1510, après avoir légué à la Sorbonne une grande partie de sa fortune, qui était considérable. Il n'avait pas cessé d'entretenir avec les membres de cette illustre société des rapports d'intérêt et d'amitié, et c'est aux bons conseils qu'il recevait des docteurs qu'on doit attribuer le mérite incontestable de ses éditions et le rare succès de son établissement.

Berthold Remboldt acquit l'imprimerie de Géring, dont il avait été l'associé, et la transporta rue Saint-Jacques. Sa veuve, Charlotte Guillard, lui succéda; elle épousa dans la suite Claude Chevallon, homme instruit et imprimeur capable. Devenue veuve une seconde fois, elle dirigea seule son imprimerie pendant plus de quinze ans, et elle édita de nombreux et importants ouvrages, remarquables par l'exactitude de la correction et la beauté de l'impression. Ses contemporains l'ont comblée d'éloges bien mérités.

Géring et ses successeurs eurent à lutter contre la concurrence que devait nécessairement faire naître une industrie aussi productive que l'était alors l'Imprimerie. Le nombre des établissements typographiques s'accrut si rapidement, qu'on en comptait déjà plus de quarante dans la capitale quand Géring mourut.

Parmi les imprimeurs de cette époque primitive, nous citerons notamment Pasquier Bonhomme qui, en 1476, publia les *Chroniques de France;* c'est le premier livre français imprimé à Paris : jusqu'alors, il n'était sorti des presses parisiennes que des livres latins.

Antoine Vérard édita aussi en français un grand nombre d'ouvrages, et particulièrement des romans de chevalerie ornés de très-belles miniatures.

Tels furent les débuts et les progrès de l'Imprimerie depuis son introduction à Paris en 1470; puis elle s'étendit successivement dans les principales villes de France, et, avant la fin du quinzième siècle, elle était établie à Lyon, Angers, Toulouse, Poitiers, Caen, Troyes, Rennes, Rouen, Orléans, Grenoble, Dijon, Angoulême, Narbonne, Nantes, Limoges, Tours, etc.

Grâce à la Typographie, les livres devinrent non-seulement moins rares, mais encore très-communs et surtout moins coûteux; car les premiers imprimeurs, aussi savants que désintéressés, se faisaient un devoir de vendre leurs livres aux prix les plus modérés. Ils considéraient l'avantage qui devait en résulter pour l'avancement des études et la propagation des lumières comme la plus digne récompense de leurs travaux.

C'est pendant le règne de Louis XII que commence le seizième siècle, qu'on a justement appelé le *siècle de la science*. A la fois novateur et investigateur, il ouvrit à tous les yeux de nouveaux horizons dans le monde physique et dans le monde intellectuel. Ce grand mouvement était dû à l'Imprimerie; c'était la conséquence de sa récente invention, comme ce fut l'origine des premières persécutions qu'elle eut à subir, et qui depuis ont été si souvent renouvelées. Mais à aucune autre époque, il faut le reconnaître, elle ne fut plus dignement honorée et encouragée; à aucune époque ses progrès ne furent plus remarquables.

Dans ce siècle, chacun rivalise de goût et de savoir pour embellir la pensée humaine; les caractères sont changés, modifiés et rendus plus lisibles; les livres deviennent plus portatifs et moins chers; ils sont enrichis de vignettes, d'ornements et d'accessoires qui plaisent aux yeux et portent le goût des livres dans des classes où il n'avait pas encore pénétré. Le progrès est universel : en Italie les Alde, en France les Estienne, en Suisse les Froben, dans les Pays-Bas les Plantin, et bientôt après les Elzevier produisent des chefs-d'œuvre typographiques.

Dans le même temps, l'impression grecque et hébraïque, déjà pratiquée en Italie, fut introduite en France par François Tissard, savant humaniste ; — Gilles Gourmont, imprimeur à Paris, fut le premier qui publia des ouvrages dans ces deux langues (1507-1508) : jusqu'alors, on n'avait imprimé que le latin et le français.

Louis XII sut apprécier le mérite de la Typographie : le 9 avril 1513 il exempta la corporation des libraires et imprimeurs d'un impôt de trente mille livres, *en considération du grand bien qui est advenu en son royaume au moyen de l'art et science d'impression, l'invention de laquelle semble estre plus divine que humaine.*

François Ier est un des princes à qui l'art typographique est le plus redevable. Si, dans un mouvement d'indignation contre les sectaires, il voulut proscrire l'exercice de l'Imprimerie, cet acte irréfléchi ne reçut pas d'exécution, et fut bientôt révoqué. Dans toutes les autres circonstances il se montra protecteur constant et généreux de l'Imprimerie.

Il accueillit les savants de tous les pays ; il fonda le Collége royal ; il institua des imprimeurs royaux pour l'hébreu, le grec, le latin et le français.

Dans la crainte que les livres rares et précieux ne

sortissent de France et qu'ils ne fussent perdus pour son royaume, il défendit, par son ordonnance du 8 décembre 1536, de *vendre ni envoyer en pays étrangers aucuns livres ou cahiers, en telle langue qu'ils soient, sans en avoir remis un exemplaire ès mains de son aumônier, l'abbé Reclus* (Mellin de Saint-Gelais), *garde de la librairie* (bibliothèque) *du château de Blois, et de mesme pour les autres villes du royaume.*

C'est là l'origine du dépôt légal qui a lieu encore aujourd'hui au profit de la Bibliothèque impériale.

Enfin, en 1539, par la célèbre ordonnance de Villers-Cotterets, il substitua le français au latin dans les plaidoiries, les arrêts et tous les actes publics.

Dans le grand nombre de savants typographes qui fleurirent sous le règne de François Ier, nous citerons particulièrement Josse Bade, Chrétien Wéchel, Michel Vascosan, Simon de Colines, et surtout Robert Estienne, le plus illustre de tous, et à qui le roi témoigna toujours la plus haute estime.

C'est à eux qu'on doit le rétablissement du caractère romain en France, où le gothique s'était introduit dans la plupart des imprimeries ; mais ils ne firent qu'un usage modéré du caractère *italique,* inventé à Venise par Alde Manuce.

Claude Garamond, Guillaume Le Bé, perfectionnèrent la fonte des lettres, dont Geoffroy Tory avait fixé les justes proportions dans son traité intitulé : *Le Champ fleuri.*

A peine monté sur le trône, Henri II s'empresse de confirmer les ordonnances de François 1er, relatives aux exemptions et privilèges des imprimeurs. Mais voulant empêcher l'impression de livres contraires à la religion et aux bonnes mœurs, il prescrivit en même temps que l'approbation de la Faculté de théologie serait exigée, et, quand elle serait obtenue, imprimée au commencement de chaque nouveau livre ; et, de plus, « que le « nom et surnom de celui qui l'a fait soit exprimé ou « apposé au commencement du livre, et aussi celui de « l'imprimeur, avec l'enseigne de son domicile. »

Ces mesures avaient plutôt pour but de garantir l'Imprimerie contre ses propres excès que d'apporter des entraves à l'exercice de cet art, auquel Henri II ne se montra jamais hostile.

Le 16 février 1552, il créa la charge unique d'imprimeur de la musique du roi en faveur d'un des premiers musiciens et compositeurs du temps, Robert Ballard, chef de cette famille d'imprimeurs qui s'est continuée jusqu'à nos jours, et a fourni, par conséquent, une carrière de plus de trois cents ans.

Le second fils de Henri II, Charles IX, malgré des actes d'une rigueur inouïe contre la presse, semble avoir eu parfois de bons mouvements pour l'Imprimerie.

Son édit du mois de mai 1571, sur la réformation

des règlements de l'Imprimerie, contient, il est juste de le reconnaître, des dispositions sages et même paternelles. Les imprimeurs et les libraires y sont considérés « comme instruments nécessaires à la conservation des « lettres et sciences, sans lesquelles la société humaine « ne peut estre entretenue. »

Le nom de Charles IX figure parmi ceux des souverains sous les auspices desquels parut le *Thesaurus linguæ græcæ*, ce grand et immortel ouvrage de Henri Estienne, dont la maison Didot vient de donner une nouvelle édition.

Henri III signala sa bienveillance et sa générosité envers l'Imprimerie dès les premières années de son règne. Il envoya Henri Estienne en Suisse à la recherche des livres rares et des manuscrits, et lui accorda une pension de trois cents livres, en considération des services qu'il avait rendus par l'impression de ses beaux ouvrages grecs et latins.

Ce prince fit imprimer à ses dépens, en 1588, par Jamet Mettayer, qu'il honora du titre de son imprimeur, le grand bréviaire rouge et noir in-folio *(Breviarium romanum)*, d'une beauté parfaite, et qu'on appelle Bréviaire de Henri III.

Henri IV ne fut pas moins zélé que son prédécesseur pour le progrès des lettres et de l'Imprimerie, dont il confirma tous les priviléges. Sa correspondance avec Jean de Tournes, imprimeur du roi à Lyon, témoigne de la bienveillance toute particulière qu'il portait à la personne de l'imprimeur et à l'art typographique.

C'est sous le règne de Louis XIII que fut édicté le premier règlement sur l'Imprimerie et la Librairie, dont le point capital est l'organisation d'une chambre syndicale pour la corporation des libraires et imprimeurs.

En 1619, ce monarque fit racheter, pour une somme de trois mille livres, prise sur ses deniers, les poinçons des caractères grecs de Robert Estienne, engagés au gouvernement de Genève, et qui furent rapportés en France.

Plus tard, il fit racheter, au prix de quatre mille trois cents livres, les caractères arabes, syriaques et persans provenant de la succession de Savary de Brèves, ancien ambassadeur à Constantinople, ne voulant pas que *des choses si belles et si admirables fussent vendues à des étrangers*.

C'est Antoine Vitré, imprimeur du roi en langues orientales, qui fut chargé de cette négociation, et c'est lui aussi qui imprima la *Bible polyglotte*, en sept langues, du président Le Jay.

En 1640, Louis XIII fonda un atelier de typographie, auquel il donna le nom d'*Imprimerie royale*, et l'installa dans son château du Louvre. Sébastien Cramoisy en fut le premier directeur, et le premier livre qu'on y imprima fut l'*Imitation de Jésus-Christ*, en latin, in-folio.

L'Académie française, qui venait d'être fondée par le cardinal de Richelieu, témoigna toujours une grande considération pour l'Imprimerie. En 1634, elle tenait ses séances chez son imprimeur-libraire, Jean Camusat, un des hommes les plus distingués de son temps, et le chargea plusieurs fois de prendre la parole en son nom. Elle assista en corps à ses obsèques.

Le règne de Louis XIII, on le voit, fut une phase brillante pour l'Imprimerie.

Le commencement du règne de Louis XIV, qui devait être aussi celui des lettres, des sciences et des arts, fut signalé par un acte que les imprimeurs regardèrent comme d'un heureux augure. Le 18 juillet 1648, le jeune roi, visitant l'imprimerie du Louvre, imprima de sa main plusieurs exemplaires de la première feuille des *Mémoires de Philippe de Commines*. Ce fait est consigné dans la dédicace au roi, placée en tête de cette nouvelle édition.

L'édit de 1686 règle tout ce qui concerne l'Imprimerie et la Librairie : fait défense aux particuliers d'imprimer et de vendre des livres ; fixe à trente-six le nombre des imprimeurs de Paris, et décide que les libraires qui ne sont pas imprimeurs ne pourront exercer cette dernière profession.

En 1692, le roi prescrit l'exécution d'une collection ayant pour titre : *Description et perfection des arts et métiers*, dont le premier volume est consacré à l'art de *construire les caractères, de graver les poinçons* de lettres, de fondre les lettres, d'imprimer les lettres et de relier les livres.

Les presses du Louvre, par les ordres du roi, sont consacrées pendant soixante années à un magnifique monument typographique : la *Collection byzantine*, grand in-folio, grec et latin. Trente-cinq volumes parurent successivement, de 1646 à 1711. Les mêmes presses impriment les *Mémoires des Académies*, le *Gallia christiana*, et beaucoup d'autres ouvrages importants.

Louis XIV donna une preuve éclatante de sa sollicitude pour l'Imprimerie, en confiant aux imprimeurs particuliers de Paris l'immense entreprise de la collection des auteurs latins *ad usum Delphini*.

Sa munificence envers les littérateurs, les savants, les artistes français et même étrangers profita aussi à l'Imprimerie, qui reproduisait les nombreux ouvrages composés pendant ce règne si long, si brillant, si fécond en hommes illustres, en événements remarquables, et que l'histoire a nommé *le grand siècle*.

En 1715, le Régent, voulant introduire en France le goût des études sinologiques, ordonne la gravure de types chinois, qui servirent plus tard à l'impression du *Dictionnaire chinois* de Basile, publié en 1813 par ordre de Napoléon.

Dans sa jeunesse, Louis XV avait fait établir au château des Tuileries une imprimerie, où il travaillait lui-même.

Le 28 février 1723, il donna un règlement général, qui comprend et résume toute la législation relative à l'Imprimerie et à la Librairie, dont ce règlement fut la charte pendant soixante-six ans, c'est-à-dire jusqu'à l'époque de la Révolution.

Moins brillant que le règne de Louis XIV, celui de Louis XV fut cependant remarquable par le grand nombre de savants et de littérateurs qui écrivirent sur toutes sortes de matières.

L'entreprise littéraire et typographique la plus considérable qu'on y effectua fut l'*Encyclopédie* de Diderot et de d'Alembert, publiée, malgré quelques entraves, en vingt-huit volumes in-folio, de 1751 à 1772.

C'est aussi sous ce règne que Gabriel Valleyre, imprimeur-libraire, publia, en 1735, un *Calendrier* imprimé par un procédé qui fut le prélude de la stéréotypie, portée de nos jours à un si haut degré de perfection.

On sait combien Louis XVI aimait les arts manuels ; son goût pour la typographie se développa de bonne heure. En 1766, à peine âgé de douze ans, et n'étant encore que dauphin, il imprima de sa main un petit volume in-8°, sous le titre de *Maximes morales et politiques tirées de Télémaque*.

Après son avénement au trône, il accorda, en 1766, à l'inventeur d'un nouveau système typographique, une gratification de vingt mille francs et l'impression de son ouvrage à cinq cents exemplaires.

En 1777 parurent différents arrêts du Conseil du roi concernant l'Imprimerie et la Librairie : celui du 30 août, notamment, consacre la propriété littéraire et permet aux auteurs de vendre eux-mêmes leurs ouvrages, ce qu'ils ne pouvaient faire auparavant.

Louis XVI fit terminer à l'Imprimerie royale les grandes collections commencées sous ses prédécesseurs.

Dans le même temps, l'imprimerie Panckoucke entreprenait la publication de l'*Encyclopédie méthodique*, formant cent soixante-six volumes in-4°, opération colossale et sans exemple, dont l'impression dura un demi-siècle.

L'Imprimerie et la Librairie trouvèrent toujours un protecteur aussi éclairé que généreux dans Louis XVI, qui leur donna, en 1790, une nouvelle et éclatante preuve de sa sollicitude et de sa munificence.

Une Société, composée des principaux libraires de Paris, gênée par des malheurs momentanés, était sur le point de suspendre ses payements. Le roi, informé de ce qui se passait, fit à cette Société l'avance d'une somme de cent cinquante mille livres, et engagea, pour la cautionner d'une autre somme de trois cent cinquante mille écus qui lui était nécessaire, les propres fonds de sa liste civile.

Au reste, les encouragements qui portèrent si haut la gloire et la prospérité de l'Imprimerie consistèrent moins en allocations pécuniaires qu'en mesures sages et prévoyantes. C'est que les arts libéraux vivent et grandissent surtout par les honneurs dont on les entoure.

Pendant trois siècles, c'est-à-dire jusqu'à la fin de l'ancienne monarchie, la réglementation de l'Imprimerie, outre les garanties qu'elle présentait pour le public, tendait à conserver à la Typographie française la supériorité qu'elle avait acquise en Europe.

On voulait que les livres fussent imprimés correctement, en beaux caractères et sur un bon papier; ces conditions étaient rappelées dans tous les priviléges accordés pour leur impression. Chaque imprimeur devait être pourvu d'un nombre déterminé de presses avec les quantités suffisantes de caractères, et des inspecteurs se rendaient périodiquement dans les ateliers pour veiller à l'exécution des règlements.

La corporation des imprimeurs et libraires ne pouvait recevoir dans son sein que des sujets moraux, instruits et capables. De même qu'on exige aujourd'hui, pour la plupart des fonctions publiques, le titre de bachelier, de même, pour être admis à la maîtrise, il fallait être *congru* en langue latine, savoir lire le grec, produire des certificats de capacité, de moralité et de catholicité, avoir subi des examens et des épreuves sur toutes les parties de la Librairie et de l'Imprimerie; enfin avoir fait un apprentissage de quatre années et travaillé pendant trois ans en qualité de compagnon.

Les nouveaux maîtres prêtaient serment devant le

lieutenant général de police, en présence du syndic et de la communauté.

Auparavant, les maîtres prêtaient serment devant le recteur de l'Université, de qui ils recevaient leur brevet.

L'imprimeur qui avait besoin d'ouvriers s'adressait à la Chambre syndicale, laquelle lui présentait la liste de ceux qui étaient sans ouvrage. Les contestations entre les maîtres et les ouvriers étaient portées à cette même Chambre.

On veillait aussi à ce que les imprimeurs et les libraires exécutassent fidèlement les engagements qu'ils avaient pris pour les ouvrages publiés par souscription.

Ces statuts, sur lesquels on consultait les plus habiles typographes, rehaussaient la dignité du corps, en même temps qu'ils entretenaient l'union de ses membres. Ils avaient surtout pour effet d'inspirer à chacun de l'estime et de l'attachement pour sa profession ; aussi voyait-on le titre d'imprimeur se perpétuer dans les familles, et des générations d'imprimeurs rivaliser de zèle et de talent pour soutenir et accroître l'honneur de leur nom.

Après avoir retracé les faveurs dont l'Imprimerie fut l'objet de la part des rois et des grands personnages de l'État, nous devons, en historien fidèle, ajouter qu'il ne lui manqua pas non plus cet autre genre de gloire, *la persécution,* que les préventions, l'ignorance, la jalousie, suscitent ordinairement contre les œuvres du génie.

Les dissensions religieuses qui agitèrent le règne de François Ier furent le prélude des rigueurs exercées contre l'Imprimerie. La Sorbonne, qui l'avait accueillie à son origine, fut effrayée de l'usage qu'en faisaient les sectateurs de Luther pour propager leurs doctrines, et alla jusqu'à demander, en 1533, la suppression de l'Imprimerie en France. Le roi résista, grâce aux sages observations de Jean Du Bellay, évêque de Paris, et du savant Guillaume Budé, qui lui représentèrent que le remède était à côté du mal.

Mais des placards injurieux contre la religion catholique ayant été affichés dans tout Paris et même à la porte du palais du roi, il n'hésita plus, et, le 13 janvier 1534, des lettres patentes prohibaient l'Imprimerie dans tout le royaume, sous peine de la *hart*.

Le Parlement refusa de les enregistrer, et, sur ses remontrances, le roi les révoqua.

Cependant des mesures rigoureuses furent prescrites contre les livres, leurs auteurs et leurs imprimeurs.

Sans doute, tout gouvernement a le droit d'empêcher les publications dangereuses et de réprimer les écarts de la presse ; mais la législation de cette époque tenait de la barbarie, et on l'appliquait trop souvent pour satisfaire des vengeances particulières.

Parmi les victimes de cette pénalité cruelle, nous citerons Étienne Dolet, un des plus savants typographes de son temps, mais à qui son humeur satirique avait fait beaucoup d'ennemis. Malgré la protection dont le couvrit François Ier en maintes occasions, il fut poursuivi avec acharnement. Accusé d'athéisme pour la traduction d'une phrase de Platon, qu'il avouait lui-même ne pas avoir comprise, il fut étranglé et brûlé à la place Maubert, le 3 août 1546.

Sous le règne de François II, un imprimeur-libraire nommé Martin Lhomme fut aussi pendu à la place Maubert, le 15 juillet 1560, pour avoir publié un pamphlet contre le cardinal de Lorraine et les Guises.

Charles IX rendit des ordonnances draconiennes, qui condamnent au gibet les auteurs, imprimeurs et distributeurs de libelles.

Malheureusement, ces ordonnances n'étaient pas une lettre morte. En 1584, sous Henri III, en 1510, sous Henri IV, plusieurs auteurs d'écrits contre le roi furent pendus.

En 1649, Nicolas Vivenay, qui avait imprimé différents pamphlets pendant les troubles de la Fronde, fut condamné à cinq ans de galères.

En 1694, un garçon imprimeur, un garçon relieur et un garçon libraire furent pendus comme complices d'impression et de colportage de libelles sur les amours de Louis XIV.

Nous ne parlons pas des emprisonnements plus ou

moins longs à la Bastille ni des sévérités parfois excessives de la censure.

Mais si la répression des abus qu'on peut faire de l'Imprimerie se traduisait souvent par des actes de violence déplorables, on doit rappeler aussi les encouragements et les bienfaits nombreux qu'elle reçut pendant cette période de trois siècles. Chose étrange! l'Imprimerie eut bien moins à souffrir des persécutions momentanées auxquelles elle fut en butte que de la liberté sans limites et sans frein dont elle allait être dotée par la Révolution, et qui d'ailleurs ne la mit pas à l'abri de l'échafaud et de la déportation.

La Révolution de 1789, en abolissant les priviléges, les maîtrises et les corporations d'arts et métiers, proclama le libre exercice de l'industrie; mais cette liberté sans limites eut de fâcheux résultats. Tant que les professions avaient été protégées par des règlements restrictifs, le nombre des bras étant limité, un travail suffisant avait pu être garanti à chacune d'elles; mais lorsqu'elles furent livrées à elles-mêmes et pour ainsi dire abandonnées au hasard, les efforts individuels se dépensèrent en pure perte; une concurrence aveugle amena l'encombrement des produits, et blessa à la fois les intérêts des maîtres et ceux des ouvriers. La ruine devint dès lors imminente pour tous.

L'Imprimerie, assimilée aux autres professions industrielles, fut cependant plus profondément atteinte. Les anciens règlements disparurent, la Chambre syndicale fut dissoute, les liens qui unissaient les membres de la communauté furent brisés. Il n'y eut plus pour l'admission des maîtres ni examens, ni brevets, ni garanties.

On ignore le nombre d'imprimeries qui se formèrent alors. On connaît encore moins la quantité d'écrits publiés à la même époque; la plupart sans noms d'auteurs et d'imprimeurs, et souvent sur de mauvais papier et avec des caractères usés.

Il n'était plus question de demander aux imprimeurs et aux libraires quelque capacité professionnelle, la connaissance des lettres, une instruction même superficielle; l'ignorance la plus complète était le partage du plus grand nombre. L'Imprimerie était littéralement livrée aux barbares; elle ne s'alimentait ni des travaux de la science, ni de ceux de la littérature; son existence dépendait surtout de la fécondité des libellistes les plus éhontés, des pamphlétaires les plus extravagants.

La publication des actes du gouvernement, tirés à un nombre prodigieux et qu'on envoyait à profusion dans les départements, puis l'émission exubérante des assignats, furent les principales ressources qui restèrent à l'Imprimerie.

L'Assemblée constituante, tout en décrétant la liberté de la presse, avait essayé d'en réprimer les abus; mais les faibles barrières qu'elle y opposa ne purent résister au torrent révolutionnaire.

Même pendant le régime de la Terreur, la liberté de la presse était toujours inscrite dans les lois, et il est vrai qu'on pouvait impunément attaquer la religion, la morale, la royauté ; mais malheur aux hommes probes et modérés qui auraient cru avoir le droit de manifester leur pensée en vertu de cette liberté insidieuse et mensongère !

Après le 9 thermidor, le gouvernement, effrayé de la licence de la presse, voulut y mettre un frein ; et, sur un message du Directoire, les deux conseils législatifs rendirent une loi qui, entre autres dispositions, enjoignait aux imprimeurs de mettre leur nom et leur demeure à tous les ouvrages qu'ils imprimeraient et d'en déclarer au besoin les auteurs.

Le coup d'État du 18 fructidor an V (4 septembre 1797) causa la proscription d'une quarantaine de journaux ; des mandats d'amener furent décernés contre leurs rédacteurs et leurs imprimeurs. Ceux qui ne purent pas se soustraire aux recherches coururent le risque d'être déportés.

Bientôt les journaux furent assujettis au timbre.

Ces temps de troubles et d'anarchie n'étaient guère favorables aux progrès de l'Imprimerie. Elle reçut cependant quelques encouragements de la part de l'autorité. Pierre Didot ayant présenté à la première Exposition des produits de l'industrie française (1798) sa magnifique édition du *Virgile* in-folio, le Directoire, pour honorer l'Imprimerie en sa personne, installa ses presses dans le Palais des sciences et des arts (le Louvre), d'où sont sorties les belles éditions dites *du Louvre*. Vers la même époque, son frère, Firmin Didot, apportait les plus grands perfectionnements à la stéréotypie.

Sous le Consulat et sous l'Empire, jusqu'en 1810, aucune modification importante ne fut introduite dans la législation de l'Imprimerie; mais la presse, et surtout la presse périodique, furent surveillées avec le plus grand soin.

Au reste, la nation était fatiguée des luttes incessantes des partis qui avaient inondé la France de leurs polémiques, et les sept à huit cents imprimeries qui existaient alors à Paris se trouvèrent bientôt réduites à trois cent quarante.

Le nombre des journaux politiques diminua, tandis que celui des journaux scientifiques et littéraires augmenta.

Cette réaction tourna au profit de l'art typographique, dont la tourmente révolutionnaire avait arrêté les progrès. Pierre Didot, qui n'avait jamais discontinué ses travaux, obtint de nouveaux triomphes pour ses éditions in-folio de l'*Horace* et du *Racine,* aux expositions de l'an IX et de 1806, où le *Racine* fut proclamé le *chef-d'œuvre de la typographie de tous les temps et de tous les âges.*

A son exemple, les anciens imprimeurs avaient repris courage et fondaient quelques espérances sur l'avenir, mais des plaintes se faisaient entendre contre l'absence de réglementation de l'Imprimerie.

Napoléon lui-même avait reconnu le besoin de réorganiser une profession dont l'exercice touche de si près à l'ordre public.

Il soumit à l'examen du conseil d'État un projet de règlement pour l'Imprimerie et la Librairie, à la discussion duquel il apporta le tribut de sa haute intelligence.

Enfin parut le décret du 5 février 1810, qui institua une direction de l'Imprimerie et de la Librairie, placée sous l'autorité du ministre de l'intérieur, rétablit la censure, déclara que les imprimeurs et les libraires seraient désormais brevetés et assermentés, et réserva au ministre de l'intérieur le droit de retirer le brevet à tout imprimeur convaincu, par un jugement, de contravention aux règlements.

Le nombre des imprimeurs pour la ville de Paris fut fixé à soixante; celui des libraires resta illimité.

Les imprimeurs brevetés furent tenus d'indemniser ceux qui avaient été supprimés et d'acquérir leur matériel; mais pour rendre cette condition moins onéreuse, un décret du 11 février 1811 porta le nombre des imprimeurs conservés à quatre-vingts.

Quoique le décret de 1810 eut apporté quelques mesures réparatrices à l'état d'anarchie et d'abaissement où était tombée l'Imprimerie, le brevet, dans sa nouvelle forme, n'offrait pas, comme les anciennes lettres de maîtrise, ces garanties de capacité et d'instruction qui rendaient si honorable la profession d'imprimeur.

Au reste, l'heure n'était pas encore venue où la presse devait prendre un essor plus libre et plus rapide. Les grandes entreprises de librairie furent rares à cette époque. Nous citerons cependant le *Musée français*, publié par Robillard-Péronville, et dont l'exécution dura huit années : magnifique ouvrage renfermant trois cent quarante-quatre planches, gravées par les plus habiles artistes du temps.

Après les belles éditions de Didot, on peut encore citer, comme œuvre d'art, l'*Oraison dominicale*, imprimée en cent cinquante langues différentes, à l'Imprimerie impériale, et que Marcel, directeur de cet établissement, présenta au pape Pie VII, lorsqu'il vint à Paris pour sacrer l'Empereur.

On ne doit pas oublier non plus que c'est par les ordres de Napoléon qu'une commission de savants fut créée pour exécuter aux frais de l'État le grand ouvrage intitulé *Description de l'Égypte*.

Il voulait aussi faire imprimer, aux frais de sa liste civile une collection des meilleurs auteurs, sur le modèle des ouvrages *ad usum Delphini*, pour l'éducation du roi de Rome, et se former pour lui-même une bibliothèque de voyage composée de plusieurs milliers de volumes in-18.

Mais les événements politiques et les désastres de 1814, à la suite desquels l'Empire s'écroula, ne lui permirent pas d'accomplir ces projets.

La Restauration s'annonça sous des auspices favorables à l'Imprimerie. La Charte de 1814 proclamait la liberté de la presse, sauf les mesures nécessaires pour en réprimer les abus.

Mais bientôt les dispositions les plus sévères furent édictées par la loi du 21 octobre 1814, qui punissait de simples contraventions par des amendes considérables et conservait à l'autorité la faculté de retirer le brevet après la plus légère contravention; elle soumettait à la censure tous les écrits au-dessous de vingt feuilles d'impression.

Cette dernière mesure n'était que temporaire; elle fut abrogée par ordonnance royale du 20 juillet 1815.

Cependant la censure des journaux fut prorogée à diverses reprises. La loi du 17 mars 1822 la rendit facultative pour le gouvernement, et la presse périodique n'en fut affranchie qu'à de courts intervalles. Elle venait d'être rétablie quelques jours avant la mort de Louis XVIII. Les journaux, depuis 1819, étaient en outre assujettis à de forts cautionnements.

A son avènement, Charles X leva la censure que subissaient les journaux. (Ordonnance du 29 septembre 1824.)

Mais son gouvernement ne tarda pas à rentrer dans la voie des restrictions. Le 29 décembre 1826, il présenta aux Chambres un projet de loi d'une extrême rigueur sur la police de la presse : il imposait aux imprimeurs une responsabilité exorbitante, et les rendait passibles des plus énormes amendes ; il soumettait les brochures au timbre, de telle sorte qu'une pièce de théâtre imprimée eût payé au fisc une somme considérable ; enfin il exigeait un cautionnement pour les journaux littéraires. « Ne croit-on pas voir, dit Chateaubriand à ce sujet, les Welches brisant les monuments des arts ou les Arabes brûlant la bibliothèque d'Alexandrie ? »

Ce projet, que les ministres osèrent qualifier de *loi de justice et d'amour,* nom que par dérision le peuple lui a conservé, souleva une vive opposition à la Chambre des députés ; mais malgré les réclamations de l'Imprimerie et de la Librairie, malgré les pétitions qui arrivaient de tous les départements, la loi fut adoptée par la Chambre à une majorité de deux cent trente-trois voix contre cent trente-quatre (12 mars 1827).

L'émotion fut générale à la nouvelle de ce vote, contre lequel les savants, les hommes de lettres protestèrent énergiquement.

L'Académie française adressa au roi une supplique qui ne fut pas écoutée, et plusieurs de ses membres perdirent alors les hautes positions administratives qu'ils occupaient.

Une adresse votée par l'Académie des sciences de Lyon n'eut pas plus de succès.

Portée à la Chambre des pairs, le 19 mars, cette loi y fut mal accueillie, et la discussion en fut ajournée. Le pouvoir céda enfin, et la loi fut retirée, aux applaudissements de la France entière (17 avril); plusieurs jours de suite, Paris et les principales villes furent illuminées.

Cette joie fut de courte durée : deux mois après, la censure était rétablie. La loi du 18 juillet 1828 la fit cesser, mais ce ne fut qu'un temps d'arrêt.

Parmi les fameuses ordonnances du 25 juillet 1830, la première suspendait la liberté de la presse pour les journaux, les ouvrages périodiques et tous les écrits au-dessous de vingt feuilles d'impression, sans distinction des matières qui y seraient traitées.

Mais on n'eut pas le temps de les mettre à exécution ; une lutte sanglante, qui se prolongea pendant trois jours, se termina par le renversement de la Restauration.

Les procès de presse furent nombreux dans le cours de cette période. Non-seulement les auteurs d'articles incriminés, mais les imprimeurs, les libraires, les gérants de journaux étaient condamnés à de lourdes amendes et à l'emprisonnement.

Les poursuites contre la presse politique s'expliquent par la crainte qu'elle inspirait alors au pouvoir; mais ce qu'on ne peut comprendre, c'est l'excessive sévérité avec laquelle on frappait l'Imprimerie pour les plus insignifiantes contraventions : un oubli, un retard de quelques heures dans le dépôt d'un ouvrage encouraient de fortes amendes, et quelquefois la perte du brevet. C'est ce qui arriva à deux imprimeurs de Paris, MM. Paul Dupont et Chantpie. Le premier n'était coupable que de n'avoir pas déposé au bureau de la librairie cinq exemplaires du deuxième tirage d'un écrit non politique, dont le premier tirage avait était déposé, fait reconnu par le tribunal, qui l'avait acquitté en première instance.

Malgré les entraves apportées à l'exercice de l'Imprimerie, les travaux typographiques prirent une extension inconnue jusqu'alors, favorisée par les perfectionnements que reçut l'art lui-même, et que signalèrent les Expositions de 1819, 1823 et 1827. En effet, à partir de 1815, une rénovation complète s'opéra dans son matériel : les anciennes méthodes furent améliorées ou même abandonnées pour faire place à des procédés beaucoup plus rapides, tels que les machines mues par la vapeur, et appliquées aussi à la fabrication du papier.

On imprima à grand nombre et dans tous les formats une quantité prodigieuse d'ouvrages anciens et modernes qui, pendant longtemps, alimentèrent l'Imprimerie et la Librairie, en satisfaisant l'empressement du public.

Mais les impressions trop nombreuses amenèrent un véritable encombrement. Les magasins regorgeaient de livres qui ne trouvaient plus d'acheteurs.

Sans prétendre justifier les mesures rigoureuses prises contre l'Imprimerie, nous devons dire cependant que la Restauration se montra quelquefois bienveillante à son égard. Ainsi, dans un esprit de justice et de réparation, le monopole de l'Imprimerie royale, pour les impressions administratives, fut supprimé par les ordonnances du 28 décembre 1814 et du 12 janvier 1820, malheureusement révoquées en 1823.

En 1817, Louis XVIII acheta pour douze mille francs, à la vente des livres du comte Mac-Carthy, le *Psautier*, de 1458, imprimé par Fust et Schœffer, et le donna à la Bibliothèque royale : c'est le seul exemplaire qui existe en France.

Quoique la Révolution de 1830 ait été, en général, pure de tout excès, plusieurs imprimeurs en souffrirent, soit dans leur propriété, soit dans leur industrie.

Le 30 juillet, des ouvriers imprimeurs, égarés par un intérêt mal entendu, s'introduisirent violemment à l'Imprimerie royale et dans d'autres imprimeries, où ils brisèrent les machines.

Mais cet acte de vandalisme fut réprouvé par la majorité des ouvriers typographes de Paris, qui, le lendemain même, 31 juillet, placardèrent une protestation qui leur fait le plus grand honneur.

De nouvelles agitations parmi les ouvriers imprimeurs ayant inspiré des inquiétudes, M. Firmin Didot leur adressa, le 4 septembre, un avis amical, où il démontra l'utilité des presses mécaniques, et le préjudice que l'Imprimerie et la Librairie françaises éprouveraient d'en être privées, tandis que les peuples voisins conservaient les leurs.

Comme toutes les grandes commotions politiques, la

Révolution de 1830 amena une crise commerciale, qui, pendant plusieurs années, paralysa toutes les industries, notamment celle des livres, dont les produits accumulés n'avaient plus d'écoulement.

Dans ces circonstances critiques, le gouvernement fit au commerce un prêt de trente millions, auquel participèrent pour plus d'un million la Librairie, sur dépôt d'ouvrages, et quelques imprimeries, moyennant une hypothèque sur partie de leur matériel. Ce secours leur permit d'attendre des jours meilleurs.

Cette même année, une proposition tendant à la suppression des brevets fut présentée à la Chambre des députés; mais après une longue discussion, à laquelle prirent part les grands orateurs de l'époque, la proposition fut repoussée.

Malgré la liberté dont elles jouissaient et les secours qu'elles avaient reçus du gouvernement, l'Imprimerie et la Librairie restèrent longtemps dans un état de gêne; mais, vers 1835, elles reprirent une activité qui alla toujours en augmentant; et, sur la fin du règne de Louis-Philippe, la production littéraire avait atteint des proportions réellement inouïes.

D'après des calculs très-modérés, et non compris les journaux, revues, etc., de 1830 à 1838 on a imprimé trois cent soixante millions de volumes.

Quant à la presse périodique, qui avait puissamment contribué à la révolution de 1830, le nouveau gouvernement ne pouvait l'oublier. La censure fut abolie, le cautionnement des journaux fut abaissé, et les délits de la presse furent déférés au jury. Mais celle-ci avait pris, sous la Restauration, l'habitude d'une vie toute militante, et le premier usage qu'elle fit de son indépendance fut d'attaquer sans mesure le pouvoir qui la lui avait donnée.

Ces attaques devinrent telles, que les Chambres votèrent des lois sévères, mais dont elles reconnaissaient la nécessité.

Si les progrès de l'art typographique, sous le règne de Louis-Philippe, furent moins importants que sous la Restauration, il faut en chercher la cause dans le degré de perfection même où cet art était déjà parvenu.

Cependant il n'était pas resté stationnaire, comme on put s'en convaincre aux Expositions de 1834, de 1839, et surtout à celle de 1844, où l'on remarqua de nouvelles améliorations dans les presses mécaniques, dans la gravure des lettres, des fleurons, et de nouveaux procédés, tels que la lithotypographie et la galvanoplastie.

Malheureusement, plus les produits de la littérature s'accroissaient, plus la contrefaçon s'exerçait audacieusement. Les lois l'avaient toujours proscrite à l'intérieur, mais elles étaient sans action au dehors. Sur les pressantes réclamations des éditeurs, le gouvernement entama avec les puissances étrangères des négociations à ce sujet; elles traînèrent en longueur, et une seule convention littéraire avait été conclue avec la Sardaigne, lorsque survint la Révolution du 24 février 1848.

Le gouvernement provisoire, composé, en partie, d'hommes de lettres et de journalistes, devait naturellement s'occuper de l'Imprimerie; aussi, dès le 29 février, un décret annula toutes les condamnations prononcées pour délits de presse; mais la publication d'écrits sans nom d'auteur ni d'imprimeur fut sévèrement interdite.

Les lois antérieures sur la presse furent abrogées ou modifiées; le timbre des journaux fut supprimé, et cette suppression, jointe à l'absence de cautionnement, donna naissance à une multitude de journaux ou plutôt de pamphlets, que des crieurs vendaient dans les rues de Paris, comme à la première Révolution. La distribution des feuilles du soir amenait près des ateliers où elles s'imprimaient une affluence si considérable, qu'elle envahissait les rues environnantes et ressemblait à une émeute populaire.

Deux ou trois imprimeries, vouées spécialement à ce genre d'impression, étaient en pleine activité, tandis que celles qui n'employent leurs presses qu'aux ouvrages de la librairie ou du commerce furent tout à coup privées de leurs travaux.

Cependant des ouvriers typographes inoccupés furent admis temporairement à l'Imprimerie nationale, et y restèrent jusqu'au moment où ils purent rentrer dans les imprimeries particulières.

Mais c'est surtout grâce aux efforts et au dévouement des maîtres imprimeurs et de quelques libraires que la plupart des établissements typographiques de Paris ne furent point fermés, et gardèrent une partie de leurs ouvriers.

Au mois de juin, une insurrection formidable ayant éclaté, le général Cavaignac, investi de tous les pouvoirs par l'Assemblée nationale, suspendit onze journaux dont la publication lui semblait devoir prolonger la lutte qui ensanglantait la capitale.

Une nouvelle suspension de quelques journaux fut prononcée par arrêté présidentiel, lors des troubles du 13 juin 1849.

Diverses mesures relatives à la presse, telles que le cautionnement et le timbre des écrits périodiques, la signature de l'auteur au bas de tout article de discussion politique, philosophique ou religieuse, diminuèrent considérablement le nombre des journaux.

Nous avons vu qu'en 1830, une proposition tendant à la suppression des brevets d'imprimeur et de libraire fut présentée à la Chambre des députés et rejetée ; une proposition semblable fut faite en 1851 à l'Assemblée nationale par quelques représentants, mais elle n'eut pas plus de succès que la première. Les événements de décembre 1851, en faisant disparaître toutes les causes d'inquiétude, effacèrent les derniers vestiges de la crise industrielle, et les affaires reprirent leur cours régulier.

La direction générale de l'Imprimerie et de la Librairie fut rétablie, et accueillie avec une vive satisfaction.

Une nouvelle loi sur la presse parut le 17 février 1852, sous forme de décret présidentiel ; c'est celle qui nous régit encore aujourd'hui. D'après cette loi, aucun journal politique ne peut être créé sans l'autorisation du gouvernement, auquel est réservé le droit d'avertissement, de suspension et même de suppression ; la connaissance des délits de presse, attribuée depuis 1830 aux Cours d'assises, est déférée aux tribunaux correctionnels. Elle règle le cautionnement des journaux ; elle défend, sous peine d'amende et d'emprisonnement, d'exercer la profession d'imprimeur et de libraire sans brevet ; elle soumet au timbre les écrits périodiques.

Cette disposition de l'article 6 du décret, ne faisant pas de distinction entre les journaux politiques et les journaux scientifiques ou littéraires, souleva des réclamations. La chambre des imprimeurs de Paris délégua plusieurs de ses membres auprès du ministre des finances, M. Bignon. Le ministre accueillit avec bienveillance les observations de ces délégués et en reconnut la justesse. Il décida que les journaux et écrits périodiques exclusivement consacrés aux lettres, aux sciences, aux arts et à l'agriculture, continueraient à être exemptés du droit de timbre, et cette décision fut confirmée par un décret du 28 mars 1852.

La contrefaçon des ouvrages étrangers dont les auteurs ont fait le dépôt légal en France a été interdite, même dans le cas où la réciprocité n'existerait pas dans leur pays ; généreuse initiative, qui a provoqué la plupart des conventions internationales conclues avec les principaux

États de l'Europe pour assurer la propriété littéraire ou artistique.

Enfin, lors de son avénement à l'empire, Napoléon III a fait remise de toutes les peines prononcées pour contraventions et délits de presse.

Pendant la période dont nous nous occupons, de nouveaux perfectionnements apportés à l'art typographique furent remarqués à l'Exposition des produits de l'industrie française de 1849, où MM. Plon, Paul Dupont (de Paris), Silbermann (de Strasbourg), et Mame (de Tours), obtinrent la médaille d'or.

Par une innovation digne d'éloges, le jury d'exposition donna cette fois une place dans son rapport aux protes et aux ouvriers qui avaient le mieux secondé leurs patrons dans l'exécution des ouvrages les plus remarquables. Sur sa proposition, des médailles et des mentions honorables furent accordées à plusieurs d'entre eux.

En 1851, à l'Exposition universelle de Londres, à laquelle toutes les nations du globe furent conviées et dont l'idée première appartient à la France, six médailles d'honneur furent décernées à la Typographie française, et la grande médaille à l'Imprimerie de Vienne en Autriche.

De belles découvertes, telles que l'électrotypie ou galvanoplastie, la lithotypographie, la télégraphie électrique, attirèrent aussi l'attention. Ces divers procédés ouvriront peut-être de nouveaux horizons à l'Imprimerie, ou du moins pourront lui servir d'utiles auxiliaires.

C'est à Paris que l'Exposition de 1855 eut lieu. Non moins brillante que celle de Londres, elle compta un plus grand nombre d'exposants, et attesta des progrès notables dans toutes les branches artistiques et industrielles, spécialement dans la Typographie.

Les grandes médailles d'honneur furent décernées à l'Imprimerie impériale de France, pour la magnifique impression du livre de *l'Imitation* en latin, avec la traduction en vers de Pierre Corneille; et à l'Imprimerie impériale d'Autriche, pour ses admirables produits galvanoplastiques et ses belles impressions polychromes.

MM. Claye, Paul Dupont et Henri Plon reçurent des médailles d'honneur.

La gravure et la fonte des caractères, la construction des machines, etc., obtinrent aussi des récompenses.

En 1862, nouvelle Exposition universelle à Londres. La Typographie française y figura glorieusement et témoigna une fois de plus de ses progrès incessants, qui lui méritèrent une large part dans la distribution des récompenses.

Comme aux Expositions précédentes, des médailles et des mentions honorables furent accordées à des protes, à des contre-maîtres et à des ouvriers.

Nous ne doutons pas qu'à l'Exposition universelle de 1867, à Paris, annoncée et préparée avec une solennité exceptionnelle, l'Imprimerie en général et celle de France en particulier n'obtiennent de nouveaux triomphes et ne recueillent de nouvelles palmes.

Dans le récit succinct que nous venons de faire de l'histoire de l'Imprimerie depuis son origine jusqu'à nos jours, on a pu remarquer les vicissitudes de protection ou d'entraves qu'elle a éprouvées à diverses époques.

Accueillie dès sa naissance comme un art *divin*, et avec un empressement enthousiaste, elle justifia la considération dont on l'environnait par les éminents services qu'elle rendit aux lettres, aux sciences, et même à la religion, car non-seulement elle remit en lumière les ouvrages de l'antiquité dont les rares manuscrits avaient échappé aux ravages du temps ou du vandalisme, mais elle multiplia aussi les exemplaires des livres sacrés et les écrits des anciens auteurs ecclésiastiques.

Enfin elle ouvrit le vaste champ de la publicité à tous les écrivains modernes.

C'est alors qu'elle inspira des défiances à l'autorité, et de là cette réglementation sévère et parfois barbare qui pesa longtemps sur elle.

Il en est de l'Imprimerie comme des autres inventions humaines : elle a un bon et un mauvais côté. Si elle peut servir à propager l'erreur, elle sert merveilleusement à faire briller la vérité; elle offre la même célérité à l'attaque et à la défense; mais, quoi qu'en disent ses détracteurs, le bien qu'elle a procuré au monde surpasse de beaucoup le mal qu'elle a produit.

En effet, grâce à l'Imprimerie, devenue aujourd'hui une branche industrielle des plus importantes, la multiplicité des livres permet à tout homme studieux de puiser aux sources de la science; grâce à l'Imprimerie, l'instruction a pénétré dans toutes les classes de la société, et la civilisation a marché à grands pas; le génie humain, perçant les ténèbres de l'ignorance, a sondé les décrets de la nature et a pris un essor qui rentre dans les desseins de la Providence.

Tels sont les bienfaits inappréciables que nous devons à l'Imprimerie, et qui lui assurent à jamais la reconnaissance du monde entier.

Au moment où nous terminons ce travail, un fait important vient de se produire : un projet de loi, soumis aux délibérations du Corps législatif, supprime pour les journaux l'autorisation préalable; le gouvernement renonce au droit d'avertissement, de suspension, de suppression, qui sera réservé aux tribunaux seuls; et dans tous les cas où la législation existante prononce la peine de l'emprisonnement, cette peine est réduite à une simple amende; enfin, les professions d'imprimeur et de libraire ne seraient plus assujetties à l'obtention du brevet et se trouveraient ainsi affranchies de tout privilége, comme la plupart des autres industries.

Cette liberté complète pour les journaux et l'Imprimerie a existé déjà à l'époque de notre première Révolution de 1789 ; mais elle avait donné lieu à des abus et à des excès qu'il n'est peut-être pas inutile de rappeler ici, ne fut-ce qu'à titre de document historique.

Voici comment s'exprime, à ce sujet, un ouvrage spécialement consacré à l'histoire de l'Imprimerie :

« La Révolution de 1789, en abolissant les priviléges, les maîtrises et les corporations, permit à chacun de venir à sa volonté prendre place dans le champ de l'industrie ; mais cette liberté sans limites ne tarda pas à avoir de graves inconvénients. Tant que les professions avaient été protégées par des règlements restrictifs, le nombre des bras étant limité, un travail suffisant avait pu être garanti à chacune d'elles ; mais lorsqu'elles furent abandonnées à elles-mêmes, et pour ainsi dire livrées au hasard, les efforts individuels se dépensèrent en pure perte ; une concurrence aveugle amena l'encombrement des produits et blessa à la fois les intérêts des maîtres et ceux des ouvriers. La ruine devint dès lors inévitable pour tous.

« L'Imprimerie, assimilée aux autres professions industrielles, fut cependant plus profondément atteinte qu'elles.

« Les anciens règlements disparurent de nos codes ; la chambre syndicale fut dissoute. Les liens qui unissaient les membres de la communauté furent brisés pour jamais ; il n'y eut plus, pour l'admission des apprentis et des maîtres, ni examens, ni brevets, ni garanties. Chaque individu, pourvu qu'il payât patente, eut la liberté de se faire imprimeur ou libraire. Bientôt après cette patente elle-même fut supprimée. L'ouvrier qui avait les moyens d'acquérir quelques livres pesant de caractères eut son imprimerie, qui s'ouvrait un jour et se fermait le lendemain.

« La propriété littéraire elle-même ne fut pas respectée. La pensée, longtemps comprimée, fit irruption de toutes parts et sous toutes les formes ; chaque libelle eut sa presse et son journal. Qu'on juge ce que devait être l'Imprimerie, exercée par sept ou huit cents individus, tous dépourvus de connaissances pratiques, sans instruction aucune et sans capitaux !

« Quant aux anciens imprimeurs, sur les trente-six qui existaient alors, la plupart furent ruinés et abandonnèrent leurs établissements.

« On conçoit les excès qui suivirent ce débordement d'écrits de tout genre. Les livres licencieux, les feuilles incendiaires, les pamphlets anarchiques inondèrent Paris et les provinces ; et l'Imprimerie, qui venait de perdre ses prérogatives et les avantages de son organisation, laissa encore dans ce grand naufrage l'estime et la considération dont elle avait été jusqu'alors entourée. Aussi, dans cette première période, l'histoire de l'Imprimerie se borne-t-elle à l'histoire des excès de la presse et des répressions plus ou moins heureuses dont ils sont l'objet. . . . .
. . . .

« La Constitution de 1791, tout en consacrant la liberté de penser et d'écrire, avait elle-même essayé de mettre un frein au déchainement des passions violentes, par la voie de l'Imprimerie ; mais elle n'y avait pas mieux réussi que les législations précédentes : toutes ces faibles barrières disparurent sous le souffle révolutionnaire.

« Bientôt le peuple et l'armée elle-même furent

corrompus systématiquement par des écrits infâmes : c'étaient le *Père Duchêne,* de l'ignoble Hébert; *l'Ami du peuple,* de Marat, de cet homme pour lequel il n'y a plus d'épithète; le *Journal des Hommes libres,* par Duval; le *Journal universel,* par Audouin, et beaucoup d'autres feuilles, dont la lecture ne nous inspire plus aujourd'hui que de la honte et du dégoût. Quarante journaux vomissaient chaque matin l'injure, la provocation, la calomnie. L'impunité était assurée, et le fut longtemps, à toutes ces abominations.

« Rien n'échappait à la fureur de ces vils pamphlétaires, ni la vertu la plus éprouvée, ni la gloire la mieux acquise. Détruire la société, non pas seulement en France, mais en Europe, mais dans le monde entier, tel était le but qu'ils avouaient, qu'ils poursuivaient avec une rage implacable, et qu'il s'en fallut bien peu qu'ils n'atteignissent. » *(Histoire de l'Imprimerie, 1854.)*

Espérons que, grâce à l'état de nos mœurs et au développement de l'instruction, de pareils excès ne se renouvelleront jamais.

TABLE DES MATIÈRES.

PREMIÈRE PARTIE.

	Pages.
Le Livre.	5
Fonderie.	21
Composition	33
Correcteurs	49
Tirage	59
Trempage. — Glaçage. — Séchage	81
Reliure	87
Clicherie. — Stéréotypie.	109
Lithographie.	121
Le Papier	145
La Réunion.	163

DEUXIÈME PARTIE.

	Pages.
Participation dans les bénéfices	171
Assemblées générales	183
Caisse commune	191
L'Assistance	203
Travail des Femmes	213
La Famille	229
Distractions	251
Résumé	263

Précis historique sur l'imprimerie 269

Paris.–Imp. PAUL DUPONT, 45, rue de Grenelle-Saint-Honoré.

www.ingramcontent.com/pod-product-compliance
Lightning Source LLC
Chambersburg PA
CBHW072008150426
43194CB00008B/1032